在田野看见
宋朝

包伟民 等著

浙江古籍出版社

图书在版编目（CIP）数据

在田野看见宋朝/包伟民等著. -- 杭州：浙江古籍出版社，2022.8

ISBN 978-7-5540-2319-8

Ⅰ.①在… Ⅱ.①包… Ⅲ.①中国历史－宋代－文集 Ⅳ.① K244.07-53

中国版本图书馆 CIP 数据核字（2022）第 124798 号

在田野看见宋朝

包伟民　等著

出版发行	浙江古籍出版社	
	（杭州体育场路 347 号　电话：0571-85068292）	
网　　址	https：//zjgj.zjcbcm.com	
责任编辑	翁宇翔	
文字编辑	奚　静	
封面设计	吴思璐	
责任校对	吴颖胤	
责任印务	楼浩凯	
照　　排	浙江时代出版服务有限公司	
印　　刷	浙江新华印刷技术有限公司	
开　　本	889mm×1194mm　1/32	
印　　张	10.75	
字　　数	200 千字	
版　　次	2022 年 8 月第 1 版	
印　　次	2022 年 8 月第 1 次印刷	
书　　号	ISBN 978-7-5540-2319-8	
定　　价	78.00 元	

如发现印装质量问题，影响阅读，请与本社市场营销部联系调换。

目　录

引　言

包伟民

我们这群人，试图在田野中"看见"宋朝。

宋朝往矣，远在千年，可看乎？为什么看？怎么看？

宋朝当然可"看"。庋藏馆阁的两宋图文典籍之外，大河上下，长江南北，各地遗存的两宋历史遗址遗物数量不少，其中尤以赵宋王朝的南北两个都城开封与杭州附近最为集中。说得远一些，赵家天子统治的疆域之外，风化所及，东瀛南洋，甚至更远的西亚东非，都有可能留有宋朝的遗物。

物质性的遗址遗物蕴存着丰富的历史信息，常常为图文典籍所不及，可观览，可亲近，可触摸，后人依凭这些信息梦回千年，拼凑起一幅幅历史场景，"看见"宋朝。

同样重要的是，走向田野，回到历史事件发生的原址，虽然时过境迁，形势如故，也能为我们理解千年之前人们的生活，构筑起必要的地理背景知识。古人常说要读万卷书，行万里路。史学大家司马迁在他的《太史公自序》中，自豪地谈到自己年轻时候游历天下的壮举，到江淮，上会稽，探禹穴，去齐鲁，观孔子之遗风，最后经过梁楚，回到长安。这无疑是他后来能够写出《史记》这部伟大史书的重要前提。

可是在另一方面，在田野看见宋朝——推而广之，看见不同时期的历史，并不容易。这一方面是因为遗址遗物所传递的历史信息无一不零碎而且片面，找到它们既已出于偶然，例如本书所介绍的、关于南宋临安德寿宫的发掘就是如此；而考古发掘出来的遗址遗物，又毫无例外地不过是一些残垣片瓦，辛苦解读，常常不止于窥斑见豹，简直近乎瞎子摸象，才能揣摩出历史原貌的大概。例如关于南宋六陵，不要说关于它的整体格局，实际上我们对于每个陵墓里究竟埋的是哪一位皇帝，都不见得有十足的把握。另一方面，除去从那些文化层明确、未受任何后代扰动的遗址中发掘出来的文物之外，绝大多数遗址遗物都存在着一个不断层累堆积，从而造成历史信息混淆的情况。比较典型的是古建筑，现在几乎已经不可能找到原封未动、未经后代多次翻修的宋代建筑了。例如本书有关篇章谈到的，无论是丽水的通济堰，还是宁波的高桥，哪里还是宋朝的原物，更不要说那些木构建筑了。怎样透过后代的那些堆积，准确找到相应历史时期的信息，并调动自己所掌握的全部背景知识，拼凑出一个完整的历史故事来，对于历史田野的探索者来说，无疑是巨大的挑战。这就好比文物修复工作，想要成功地修复一件陶器或瓷器，从成堆的瓦砾中找到属于它的碎片本已极为不易，万一原件碎片有限，修复者不得不利用自己所掌握的相关类型知识，用胶泥来重塑器物的大部分，被修复出来的陶器或瓷器就难免会带有修复者的主观性。

这就使得"怎么看"的问题更为凸显了。

田野所传递的历史信息具有多重性，人们观察的视角各不相同，"看"到的历史如同经过多棱镜反射的光线，色彩缤纷。尤其一些珍贵文物，世人多投之以古董商式的眼光，即便一些严肃的新闻报道，也常津津乐道于它们现在能卖出多高的价钱，实在令人有买椟还珠、反裘负刍之憾。

本书各篇作者们的一个共同立场，无疑在于想从田野中发现一些在文献资料中所缺少的历史信息，以求超越遗址遗物本身，读出与之相关的宋朝的人与事，并且试着以相对平易的文字来讲述那些人与事，以期面向历史学专业之外更为广大的读者。至于为什么想"看见"的是宋朝而不是其他历史时期，无非因为我们这一群人的学术兴趣都聚焦于两宋而已。

比较典型的应该是周扬波的《苏州47路公交线行记》了，从今天的一条公交线路，串连起宋朝苏州城内外人们的生活场景。其他各篇也都程度不等地反映了同样的观察视角。魏峰从"韩瓶"中看到的是宋代的酒政，姚永辉从遗物中观察南宋太学的人与事，何兆泉则从赵伯澐墓葬读出了赵宋王朝的宗室政策与两宋之际南迁士人的命运走向。其他的，无论从宫殿皇陵来进一步观察当时的朝政，还是从寺观、人物来讨论两宋史事的走向，都无不具有更多可拓展的余地。本书各篇所展示的，不过是作者们的一时之见，抛砖引玉而已。至于如何走出"专业"的圈子，以使历史知识能够走近更多的读者，无论在思想认识还是在语言能力上，我们虽然有了始于足下的自觉，能不能真正行之千里，还有待于今后的坚持与努力。同时，我们也期待着读者的建议与帮助。

因此，以后我们还会经常走向田野，与读者们一起去"看"宋朝。

2022 年元月

南宋的"天安门":朝天门

陈志坚

朝天门的三生三世

南宋的杭州,是杭州历史的巅峰时期;而朝天门,则是南宋杭州的城市中心。如果打个比方,那么南宋杭州朝天门的地位,就类似于今天北京的天安门。

南宋的朝天门,今天依然在,改名叫鼓楼,依然是一个热闹的旅游点。不过偏在了杭州城东南一隅,熙熙攘攘的游客们也许会抬头看一眼高大城楼,也就从门洞穿过去,赶去更热闹的地方,几乎没有什么人会驻足仔细观看。因为人们很难会意识到,这个叫鼓楼的地方,也曾经是城市的中心,曾经是天安门一样的存在。

朝天门这个名字如天安门一样,也颇有气势,不过并不是南宋时取的,而是来自吴越国时代。吴越国时,朝天门始建。不过刚建起的时候,它是一个正经的城门——杭州子城外的夹城北门。

◆ 鼓楼、镇海楼、朝天门，从北往南看的视角

　　朝天门作为夹城北门的存在时间其实很短。随着杭州罗城的修建，朝天门就被包在了城中间，所以，从吴越国到北宋，朝天门是一个长期被废弃的城门，并没有起到真正的城门作用。

　　随着南宋定都杭州（临安府），作为废弃城门的朝天门，突然间有了一个新的使命——成了皇城的城门。皇城里面都是中央政府机构，而作为皇城城门的朝天门，也就成了中央政务区与杭州市民城区的分隔点，同时，也是官民之间的连接点，是一个公共空间。虽然空间不大，却也有点天安门广场的意思。

　　元朝时各地的城墙都要拆，反倒是名不副实的朝天门获得了新生——改成了楼阁，再次成为地标性建筑。大德三年（1299），"朝天门"进行了重建工作，摇身一变，成了"拱北楼"。名士柳贯写有《拱北楼铭》①，更有名的赵孟頫也写了《上拱北楼诗》。这一改名，标志着朝天门就从"门"的时代，进入到了"楼"的时代。

　　到了明代，楼依然存在，不过名字得改改。明太祖洪武八年（1375），"拱北楼"改名为"来远楼"，难道朱元璋在南京望向遥远的海隅时，中途看到了这个楼吗？后来，又被改名了，意思差不多——"镇海楼"。这大概是大帅胡宗宪想要讨的彩

---

① 今天很多人都拿《拱北楼铭》中的叙述词语来描述南宋的朝天门，其实是不合适的。因为新建的拱北楼没有城楼了（之前的朝天门应该有），而且门和楼的性质功能都有很大不同，不宜混为一谈。

◆ 镇海楼的匾额还在，不见当年徐文长

头吧，此时他正在杭州摩拳擦掌准备平倭呢。于是在胡宗宪手下当军师的徐渭写下了《镇海楼记》。小小的一座楼汇聚了各路文星，倒也不枉了坐镇在这方风水宝地。

到了正德年间，当地官员在楼上置了大钟一，大小鼓九，暮鼓晨钟，为杭州百姓报时。所以民间就俗称其为"鼓楼"。叫到了清朝，"鼓楼"之称也就转正了，成了最后的一个称呼。可以说，小小的一个城门楼，倒是与杭州的历史息息相关呢。

鼓楼命运多舛。明清时期有记载的火灾焚毁，就有七次之多。到了"文化大革命"时期更是被连根拔起，彻底拆毁。不过20世纪90年代，随着旅游开发，鼓楼又被重新修建。此时的鼓楼，早已不闻鼓声，而是一个地地道道的旅游景点了。

今天站在鼓楼下，抬头可以看到，在高高的三个层楼屋檐下，分别挂着三块匾：朝天门、镇海楼、鼓楼。这可以说代表的是朝天门历史演变的三个时期：宋、明、清。但从朝天门的性质变迁关键点来说，更重要的应该是这三个节点：吴越的夹城城门、南宋的皇城城门、元明清的城市楼阁。这才是朝天门真正的三生三世了。

作为城市楼阁，来远楼、镇海楼、鼓楼，历史线索清楚。反而是更为重要的吴越国、南宋的朝天门时代，几乎湮没在历史的尘埃中，不仅一般游客知之甚少，就连正经的地方史志中，也多语焉不详，倒颇有一番梳理的必要呢。

◆ 被拆之前的鼓楼旧貌，从南往北的视角

二、吴越国的夹城北门

首先，朝天门是一个城门；其次，它是一个北门。

先说北门。吴越国的朝天门是北门。怎么判断是北门？

因为朝天门这个名字，就透露出了很多信息。在中国南方城市，如重庆、泉州等，大量的北门被叫做朝天门。因为对于南方城市来说，皇帝坐镇北方，地方臣民面北，北门自然就是"朝天"。与朝天门类似的北城门名字，还经常被取名为拱北、拱宸等，所以从朝天门到拱北楼，其血脉倒也算一脉相承了。

站在今天鼓楼下，也会很明显地意识到这点，因为鼓楼下的门道，就是正南正北方向。非常清楚，这确实应该是一个朝北的门。

不过，让人疑惑的是，朝天门今鼓楼的位置，不仅不是城墙所在位置，而且还偏在东南，怎么看都不符合"北城门"的特点啊。要解释这个错位，我们就要把时间拨回到吴越国时期，因为那时候，杭州城的形态，与今天完全不同。

当钱镠占据杭州时，杭州城市面貌可谓是一出"双城记"：北边是钱塘县城，南边是杭州州城，相隔十里，遥遥相望。南边的杭州州城是个方圆九里的小城，在凤凰山东麓；北边的钱塘县城，则紧靠西湖旁，即今钱塘门以东的一带。白居易曾写诗说"余杭（余杭郡，即杭州）形胜四方无，州傍青山县枕湖"，正是对州、县双城记的最好描述。

说到州城，人们心目中都会跳出一个大大的后世大城市的模样来——人口众多、商业繁荣、衙门森严。其实，隋代杨素所创建的杭州州城，乃是个"子城"。何谓子城？子者，小也。子城就是小城。在魏晋隋唐时代，子城是较为流行的城市形态。其功能就是集中容纳官员、军队以及仓库等，面积较小，但防御能力强大。其实只要想象一下西方中世纪的城堡，就可以很容易理解子城的概念。

杭州子城虽然小，却是杭州政治中心，杭州刺史就驻衙于此。白居易诗写"郡亭枕上看潮头"，这个能躺着看钱江潮的地方，必是在凤凰山上的州衙后院。钱镠当上了杭州刺史，自然也是在此衙门办公，到了他称吴越王的时候，这个州城就自然升格为了"王城"。

但到钱镠手里，建城三百年的杭州子城已经跟不上战火频仍的时代需求了。罗隐的《杭州罗城记》提到："郡之子城，岁月滋久，基址老烂，狭而且卑，每至点阅士马，不足回转。"不仅破烂，而且太过狭隘。所以需要"崇建雉堞，夹以南北，矗然而峙"。

这里，"夹以南北，矗然而峙"之语，即指修筑夹城而言。《吴越备史》一书记载，这次夹城修筑是在唐末的大顺元年（890）九月，"王命筑新夹城，环包氏山，泊秦望山而回，凡五十余里，

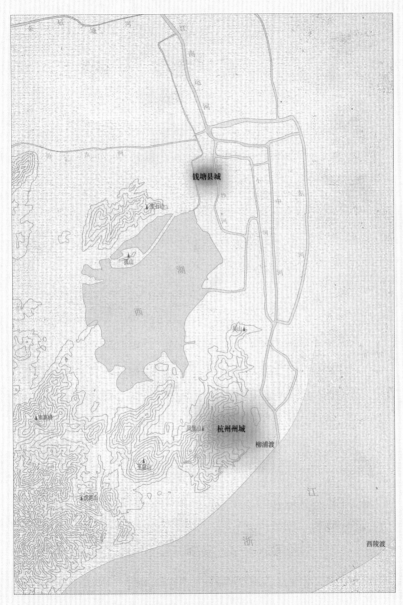

钱城塘埭河

江南运河

钱塘县城

玉石山

孤山

西　湖

吴山

南高峰

凤凰山　**杭州州城**

玉皇山　柳浦渡

龙起山

浙　江

西陵渡

◆ 隋唐的双城记：杭州州城与钱塘县城，南北分布

皆穿林架险而版筑焉"。

夹城是什么？夹城就是重城，可以理解为放大版的"瓮城"。

唐五代夹城的记载很多，《资治通鉴》中有这么一段记载说："（思安）更筑重城，内以防奔突，外以防援兵，谓之夹寨。"其实，这里的"重城"一词，说出了"夹城"（夹寨）的基本特征。夹城就是两重城墙，即在旧城墙之外再造一道城墙。如唐长安城就有"夹城"，它是从兴庆宫到大明宫的一段甬道——甬道的一边就是长安城东城墙，另一边就是贴着城墙修的另外一道墙。唐玄宗经常在夹城里面来往两个宫之间，而外人完全不知情。唐末战争中，夹城纷纷出现，目的在于增加城池防守的纵深。

夹城与外城的差异在于，外城是整个包围着内城的，而夹城是在旧城的一两个方位上加筑一道城墙，形成一个大型的"瓮城"，这就是夹城的常见形态。比如福州城，在唐末增筑夹城，左右两边都有，形成了两翼，我们可以称为"蝴蝶型"。

钱镠的王城，就是杭州州城（也叫"子城"），也即后来的南宋皇宫所在，位置在凤凰山脚下。钱镠所修的夹城，是在王城的南北两翼展开的，南边的夹城当是沿江岸建造，而北边的夹城就修到了朝天门为止。这个"北夹城"的四界，如果观察一下地形，其实也是有迹可循的。很可能是东以中河为界，西到紫阳山，南到万松岭路附近的州城北墙，北则是朝天门。这是一个较为狭长的夹城形态，东西窄而南北长。

为什么要修造朝天门并将之设为北门呢？看一下地形，就很好理解。朝天门此处是西边紧贴伍公山（吴山的一部分），东边则邻近中河。山、河之间，只有很狭窄的一个口子，可谓是一夫当关的形势。朝天门建在此处，可谓势所必然。

此时朝天门位居整个杭州城的最北。朝天门以北，唐代已经颇有人气，居民繁多，但尚没有城墙包围，都是城外之地。朝天门依山傍水，下临一片平原，堪称是威武雄关。

不过，作为北门的朝天门存在时间很短，也就短短的三年。等杭州罗城修建起来之后，朝天门已经被包在了城内，因此，作为城门的功能已经名存实亡。

钱镠在修筑夹城后三年，又开始修建罗城。罗城就是外城，是相对子城而言的。如果说子城的功能是城堡，那么罗城的功能就是"盛民"，即保护老百姓。罗城修建的背景是孙儒的入侵。孙儒和他的部下十分残暴，他们来自北方蔡州。蔡州人一直是以善战闻名，此时更是无比疯狂，到处烧杀抢劫，无所不为。在缺乏军粮的时候，军中甚至以人为粮，比野兽还凶残。孙儒南下，曾经攻下了苏州，苏州瞬间从天堂变成了地狱。钱镠意识到，这样可怕的一幕也很可能发生在杭州啊。对此，钱镠表态说"始念子城之谋，未足以为百姓计"，意思是说之前只考虑到了子城的坚固，那是只保护了自己，没有顾及到老百姓的安危，所以，要加大保护力度和保卫范围，修一个大的罗城就

◆ 鼓楼西边紧贴伍公山，东边高架桥下即为中河

提上了日程。

893 年，钱镠大修罗城，以作"盛民"之用。《吴越备史》记载："王率十三都兵泊役徒二十余万众，新筑罗城，自秦望山，由夹城东亘江干，泊钱湖、霍山、范浦，凡七十里。"这一座空前规模的罗城有七十里，足以将南州城、北县城都囊括其中了。罗城西靠西湖，东到今建国路一带，北则远达武林门以北，称北关门。

于是，原为夹城北门的朝天门，突然发现自己已经被包围在城内，成了整个新罗城的中心地带。此后，朝天门作为城门，当已废弃。今天的鼓楼下，门道南北通透，早已经没有了门扉。其实，这个门扉大约是吴越国时期就消失的。

在南宋的《淳祐临安志》中曾提到几个在"城中"的城门："城中又有门曰朝天门，曰炭桥新门，曰盐桥门，今废，土人犹以门称焉。"废弃的明显标志，就是只存"双阙"，但"无门关"。《咸淳临安志》多处提及朝天门的时候，都写作"朝天门城基"，显然，城基指的就是城门"双阙"，而没有了门扉。《梦粱录》也说："城内元（通"原"）三门俱废之，独朝天门止存两城壁，杭人犹以门称之。"所谓的"两城壁"就是上文的"双阙"也。这个"两城壁"，在《皇城图》中画得十分写实，可谓一目了然。总之，朝天门虽然长期被称为门，但只是一个形式上的门。在北宋，大概只起到一个地标的作用罢了。

◆ 吴越国杭州罗城示意图。吴山和盐桥运河之间，即为朝天门位置所在

尽管名不副实，但朝天门依然是个"门"，而且到了南宋，居然意外地获得了新生——南宋时期，朝天门就成了"皇城"的城门。成了官民区隔的分界点，具有重要的标志性、礼仪性的意义。

南宋的皇城城门

先理解一下皇城。皇城是什么？这里所说的"皇城"不是皇宫（大内），而是特指中央机构所在的城市功能区。拿今天北京来对照，就是"中央政务区"①。这种皇城概念隋唐就有，直到清朝还存在。

唐长安城内，还有两个城中之城：皇城和宫城。两者规模相当，南北相对，构成了"吕"字形。宫城和皇城的性质不同，宫城是大内，是皇帝的朝廷和后宫所在；而皇城里面主要是中央官署机构。《唐六典》卷七："左宗庙，右社稷，百僚廨署列乎其间，凡省六、寺九、台一、监四、卫十有八。"太子东宫的官署也在皇城中："凡府一、坊三、寺三、率府十。"宫城和皇城，两者功能区分是很明显的。

明清的北京城内，也有宫城和皇城。明清的宫城就是紫禁

---

① 当然，今天的中央政务区，是一个有综合功能的区域，与古代纯粹作为中央机构的集中地，有很大差异。不过，这个概念非常适合用来比照"皇城"。

城，即今天的故宫，四周环绕筒子河，自成一城。皇城则是围绕在宫城之外的一个城外城，皇城与宫城一起形成了"回"字形。皇城今天已经不见了，但留下了四个门的名称，依然可以指示出曾经的皇城范围：东为东安门，西为西安门，北为地安门，而南门就是天安门了。所以，天安门是皇城的南城门，从天安门下进去，再经过端门，就来到午门，这就是故宫的大门了。

从隋唐到明清，虽然宫城和皇城的空间分布有所不同：一个是"吕"，一个是"回"，但功能区分则是一致的，宫城是大内，而皇城是中央政务区。

那么，南宋有皇城吗？皇城又在哪里呢？有人也许会说：我知道，南宋的皇城，就是凤凰山脚、馒头山之间那块地方啊！确实，今天在杭州，大家习惯称呼的"南宋皇城"就是这里。杭州的全国重点文保单位"临安城（南宋临安府城）遗址"，这里面包含了两个小点：皇城遗址、太庙遗址。而"皇城遗址"的石碑，就立在了凤凰山脚路边。但是很遗憾，这个众所周知的"南宋皇城"，其实是个误读。

今天所谓的"南宋皇城"概念，所指的是南宋的"大内"，应该是古代的宫城。定名为"南宋宫城"，会更加合适。因为这符合南宋时的概念。说这里是"南宋宫城"，是有根据的。南宋杭州（临安府）分为九个"厢"，其中，凤凰山脚的大内这片就叫"宫城厢"。所以，南宋是有明确的"宫城"概念的。

◆ "皇城遗址"重点文保碑，凤凰山脚的路边

将南宋宫城叫做"南宋皇城"，可能是受到《咸淳临安志》中的《皇城图》的影响，而导致的误读。南宋末年，有一部非常珍贵的地方志书，叫《咸淳临安志》（以下简称《咸淳志》），里面绘有多张珍贵的地图，这可是宋版的地图哦！可谓是原汁原味。

和我们熟悉的上北下南不同，这张《皇城图》是上西下东，左北右南的布局。该图右上角明确标识"皇城图"，图中最显眼最主要的位置，标着两个大字"大内"。所以，人们就很自然地把"皇城"等同于"大内"了。

但是仔细观察，会发现这个"大内"的标识，很明显指的就是宫殿区，就是和宁门和丽正门之间的这块区域。这片画着各种宫殿的大内，就是宫城，和"宫城厢"范围正吻合。

那么，也许你会问，为什么这张图要命名为《皇城图》呢？"皇城"指的又是哪里呢？这里就要请出"朝天门"来作证了。

请再注意该图另一个很突出的标识，那就是图最右边的"朝天门"三个大字，还特地画出了两个台基状的城门，可以说是非常显眼了。（值得一提的是，在《咸淳临安志》中的另一幅地图《京城图》中，朝天门也是这个画法，非常明显。）很显然，朝天门是这张《皇城图》的边界，实际上就是要告诉我们一个事实——朝天门，就是皇城的边界、皇城的城门。

再仔细观察，从朝天门开始，是一条宽阔的大街，这就是

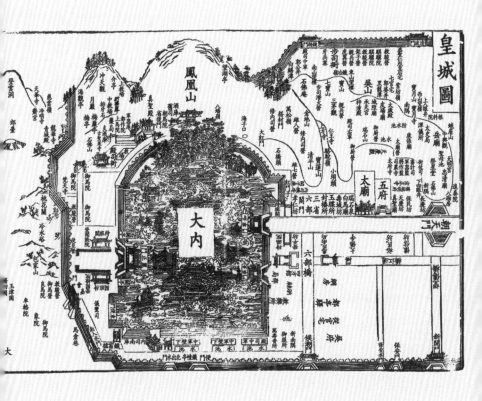

◆ 《咸淳临安志·皇城图》。图源：姜青青《〈咸淳临安志〉宋版"京城四图"复原研究》中的复原图

御街，一直延伸到和宁门（大内的北门）。从朝天门到和宁门之间的御街旁边，分布着大量的中央机构：从六部、三省、封桩库、玉牒所、太庙、五府，到宗正寺、太府寺、司农寺、将作监、军器监、审计所等等。大量中央机构如此集中，很容易让人联想到唐代的皇城布局。可以说，大内到朝天门之间，才是真正的"皇城"。

当然，这片区域里面还有少量的寺观和坊巷，另一方面，中央机构也有散布在其他地方的，如秘书省、御史台等，比起隋唐、明清的皇城，似乎不够"纯粹"，不够"典型"。要知道，南宋杭州作为行在，是在原来密集的城区里面塞入大量机构，"因地制宜"，难免会有驳杂之处。

还有一点"遗憾"，这个南宋的"皇城"并没有明确的城墙区隔①。如果存在皇城，那么是否存在明确的边界呢？事实上，《咸淳志》也给出了答案：南宋临安府城九厢中的"右一厢"，应该就是"皇城厢"（只不过没有用皇城命名罢了）。《咸淳志》中的右一厢有明确"四至"范围的说明：

> 东至荐桥（河），接连右四厢。西至上生寺，接连左

---

① 实际上，北宋汴京的皇城，因为文献记载不太清晰，是否确实存在也有争议。但存在一个"皇城区"是大致可信的。也许正是宋朝的两个都城都是以旧州城为基础，在规划方面就不太自由了吧。隋唐、明清的都城都是重新规划建造的，所以皇城的界线区分就很明显。

一南厢。南至和宁门。北至朝天门城（基），接连右二厢。

和宁门、朝天门是《皇城图》中比较清晰可见的，南北边界很清楚，不需多说。"东到荐桥"，指的是东至荐桥河，即中河。"西至上生寺"，上生寺，又称上生院。《咸淳志》虽有明确记载，但没有提到具体地址所在。

不过我们可以通过相邻的"左一南厢"的"四至"进行判断。右一厢西边是与左一南厢相接的，而左一南厢的"四至"记载中，提到"南自小红门子至青平山铺，接连右一厢州门上铺"。从《皇城图》可以看到"红门子""清平山"等所在，据此可以推断，右一厢的西界，当是到清平山、紫阳山、伍公山一线的山为止。

明确了"四至"，我们很容易就能在地图上勾勒出右一厢的范围，一眼就可以看出其特别之处：狭长，以御街为中心，夹在山、河之间。如果今天到实地查看，几乎就是以今天中山南路为中线的一条状区域，至今也是十分清晰的一块区域。今天这一带，在被冠之以"廿三坊"的老街区中，依稀还保存着不少南宋时期的街巷肌理呢。

对右一厢的勾勒，也很容易让人意识到：这也正是吴越国的夹城范围啊！两者应该是高度吻合的。我们有理由推测，南宋时对右一厢的特别界定：一是形态很特别，二是空间范围特

◆ 中山南路，南宋的御街，今天的美食街。远处门洞处即鼓楼

别小，三是东至中河一线，没有跨过中河。这些特点都说明，南宋皇城，就是直接继承了吴越国夹城的旧规模。事实上，吴越国的夹城，依山靠水，有天然的"边界"，其实就很符合"皇城"的需求，这是巧合，也是自然而然。

总之，原来作为夹城北门设计的朝天门，在新的历史时代下——即杭州成了首都，也就多出了一个"皇城"——居然成了皇城的城门。真可谓是一次跨越时代的无缝衔接了。

朝天门下的历史故事

朝天门既然是标志性的存在，必然会有其相应的功能。首先，朝天门起到了区隔功能，体现着中外之别，官民之别。其次，朝天门也相应地有了官民沟通的功能——"公告"。概括地说，一是区隔，二是公告。

先来讲讲朝天门的区隔功能有哪些表现。

先看看"中外之别"的体现。所谓的中外，是中央和地方。这点集中体现在进奏院的设计上。朝天门内，是众多的中央机构，之前已经讲过。而紧靠在在朝天门的外面，则有一个很特殊的机构：进奏院。在《皇城图》中，朝天门的右上方，就标着"进奏院"。进奏院，就是地方的驻京办事处，具有鲜明的地方色彩。进奏院在外，中央机构在里，这样的布局，非常明显地凸显了朝天门的区隔中外的含义。南宋的进奏院所在，原来是一个寺庙，叫石佛院。在今天，大约在鼓楼外的中山南路拐弯处，现在已经是一排店铺了。

再看"官民之别"。我们可以从城市功能分区这个角度去观察。《梦粱录》中有一段有关杭州城市防火措施的记载，说平时安排人在"望楼"上放哨，"如有烟处，以其帜指其方向为号，夜则易以灯"。就是说，如果发现城中有了烟火，就立即举旗为号，晚上则改为灯笼为号（和《水浒传》的祝家庄有点像啊）。这个旗或灯笼的指示，是分为三大区块的——"若朝天门内，以旗者三；朝天门外，以旗者二；城外以旗者一；则夜间以灯如旗分三等也。"朝天门内为第一区块，朝天门外、京城内为第二区块，京城外为第三区块。这三等区块的划分，明显是体现出了重要程度的高低，界线颇为清晰。朝天门内这块区域，面积很小，但地位却最为重要，放在第一位。而朝天门正是标志性的空间区隔节点。

朝天门既成了官民区隔的分界点，也就同时又成了一个官民沟通点。区隔和沟通，两者一体两面。所以，朝天门更常见的功能，其实是作为官方发布"公告"的所在。今天我们在电视剧中看到古代的悬赏通告，经常就贴在城门旁边，也就是这个道理。

唐代皇城的南大门承天门的外边，有一个横街（就是广场），称"承天门横街"（相当于天安门广场）。唐代凡有重大国家典礼，比如军队出征和凯旋、迎接贵宾、宣布大赦、庆祝节日等，都在此街举行隆重的仪式。南宋的朝天门，似乎是远不及承天门热闹，各种典礼活动似乎并没有集中在朝天门举行。但是，朝天门也确实有过很多次发布官方通告的故事。略举几例。

第一个故事，很像是明朝常见的把官员拉出午门外打屁股的翻版。岳珂的《桯史》记载了"蠲毒圆"的故事。说是有个叫有王泾的人，曾经给太上皇进药，即所谓的"蠲毒圆"（解毒丸），却导致赵构身体大坏。宋孝宗震怒，要立即处决他，但经过苦劝之后，改为"减死黥流"，也就是在脸上刺字后，流放发配（就是武松、林冲遭受过的刑罚）。但死罪可免，活罪难逃，要加刑——"杖脊朝天门"。也就是流放之前，要打一顿，就选在了朝天门下。不仅如此，孝宗还派了宦官去监督这次打脊背的刑罚（脊杖比打屁股可狠多了），本来就是想用一顿板子打死他。没想到这个王泾大大贿赂了打手们，总算是保住了一条狗命。这个朝天门下发生的故事，可算是个闹剧吧，想必当时围观者甚众。

第二个故事就比较血淋淋了，也是南宋杭州的一件弥天大事。那就是史弥远发动了政变，把力主北伐的权臣韩侂胄给杀了。周密的《癸辛杂识》记载了这恐怖的一幕："遂折其足胫而毙之，遂自后门舁出，揭其首于朝天。省史刘应韶即以黄榜自窗槛中递出张挂，慰谕一行将士。谓罪止诛其首。"揭，就是高挂。"揭其首于朝天门"，就是把韩侂胄杀了后，将他的首级拿到了朝天门上，高高挂起，目的就是向大家宣告：韩侂胄已死，大家听令。这就很像在菜市口杀人的意思了。

可以想见，朝天门在南宋杭州城，就是一个最重要的公告发布地。南宋朝廷曾经因为嘉定年间（1208—1224）的一个"宝玺"，而在朝天门"揭榜"，出了一份安民告示。另外，大名鼎鼎的文天祥也曾在朝天门张榜，为自己"洗白"。

南宋灭亡前夕，文天祥本来在苏州督军，抵抗元军，结果被连环命令催回了杭州，而苏州很快陷落。当时"都人大骇，议天祥弃平江（苏州）"，可见此事造成了杭州人的巨大恐慌，人们对文天祥产生了严重质疑。为了安抚民心，文天祥不得不"出两府札榜朝天门，众始定"。"两府札"，就是宰相们催促文天祥回到杭州的一道道命令，当这些文件被公开贴在了朝天门下，民众也就平息了质疑。这时候的朝天门，宛然就是南宋版的"新闻联播"了。

其实，朝天门下，除了是官方的公告发布处之外，还常被老百姓所利用。《钱塘遗事》中，记载了一个南宋版的公众事件，说韩侂胄陷害赵汝愚，导致其贬死他乡，十分凄凉。当时就有人出来打抱不平，"有无名子作诗，大书于朝天门下，云：两手旋乾复转坤，群邪何事肆流言。狼胡跋疐伤周旦，鱼腹衔冤葬屈原。一死固知公所欠，孤忠犹赖史长存。九原若见韩忠献，休说渠家末世孙"。这时候的朝天门，又成了南宋的"三角地"。

当然，朝天门不总是与政治牵扯上关系，其实更是杭州的市中心和商贸中心呢。《都城纪胜》一书，曾经列举南宋杭州城内的 CBD，其中之一就是"朝天门"，"食物店铺，人烟浩穰"，其繁盛之情景，可以想见，也当不输于今日游客所见之热闹场景了吧。

余音袅袅

其实，朝天门下的故事还有很多。站在朝天门下，往前看，就是当年的御街，也是杭州的城市中轴线，繁华的商业中心，今天又成了百年建筑老街，成了旅游景点。除了沿着御街回味南宋风情外，你还可以往左右看看。

站在朝天门下，往西看，就有一条不起眼的上山小路，通向的就是吴山——古代杭州的"市民广场"，当年吴山上密密麻麻地排列着杭州几乎所有的祠庙，至今还有伍公庙、药王庙，不过比起当年，百不及一了。

站在朝天门下，往东看，咫尺之遥，就是中河——南宋时叫盐桥运河，这就是大名鼎鼎的大运河。从这里启航，可以通向杭州城各处，还可以通向更远的远方。而视线越过中河，所

◆ 朝天门边上吴山的小路，伍公山即是吴山的一部分

见的就是今天新建的南宋博物馆——南宋时，这可是赵构当太上皇时所住的"德寿宫"，更早以前，这还是秦桧的宅子呢。想必秦桧也是懂得"地段第一"的道理的吧？

这些许许多多的故事，我们这里就不一一讲述了。不知道你看了这篇文字后，再到今天鼓楼的脚下，是否会多停留一小会儿？当你抬头看到那块"朝天门"匾的时候，也许会有那么一刹那的恍惚，感觉到灵魂与历史相接吧。

德寿宫遗址考古发掘记

王征宇

一、引言

德寿宫遗址位于今天的杭州市上城区小营街道，处于南宋时临安城内东部，其东紧邻临安城东城墙（今直吉祥巷东侧），西近盐桥运河（今中河）。该宫是宋高宗、宋孝宗两任太上皇及其皇后的居所，也是反映南宋建筑、文化和宫廷生活的重要物质载体。

德寿宫遗址考古发掘工作始于 2001 年，至今已历 20 年，经四次发掘。回顾 20 年间的四次发掘，我们的收获主要体现在这样四个方面：一是对古代文献中有关德寿宫的记载的认识越来越清晰，也深知基于古代文献的平面空间推测必然存在多样性；二是南宫墙及东西部分宫墙的发现与发掘为德寿宫四至范围的确定提供了重要参考；三是德寿宫中轴线及其建筑得到进一步明确；四是东南部建筑及其沿革与布局通过对残存遗迹的分析得以基本明确。

我们对于德寿宫的考古探索，也基本基于通过文献考证分析其遗存内涵，利用有限的发掘空间寻找其四至范围和轴线，同时争取大面积的发掘来找平面及其沿革，通过出土遗物建立器物序列及编年，以期进一步窥知其建筑材料、器用、礼制、生活、审美等。据此来记述发掘历程和解读一些重要发现，是为发掘记。

二、古代文献中关于德寿宫的记载及考证

考古人面对历史时期的遗址，要做的非常重要的一件事是建立与遗址相关的史料编年。我们在接触到德寿宫遗址后，也开始了这项工作，包括史料辑录、编年与考证。而且我们从事临安城考古的人，手头还常备（也是必备）一本《咸淳临安志》，以便随时检阅。另外查得最多的是《武林坊巷志》，其中卷十二《斯如坊一》中"南关厂前、观梅古社、梅花碑""百岁坊巷""小织造署"等条，卷十三《斯如坊二》中"新宫桥河下""望仙桥"等条，卷十九《芝松坊二》中"佑圣观巷""水亭子""宗阳宫街"等条，对与德寿宫相关的文献的辑录极为详备。①

关于德寿宫的沿革，简要讲主要经历了这样几个阶段：一

① 〔清〕丁丙：《武林坊巷志》，浙江古籍出版社，2018年。

是德寿宫之前的秦桧旧第；二是高宗及吴皇后所居的德寿宫；三是德寿宫之后的孝宗所居重华宫和吴皇后迁居的慈福宫。

空间上，德寿宫内宫殿、园林等建筑有德寿殿、康寿殿、大池、飞来峰、冷泉堂、聚远楼、禁籞、盘松亭等。据周必大《思陵录》卷下，德寿殿应为高宗殿，康寿殿应为吴太后殿。[①]另据周密《武林旧事》卷七《乾淳奉亲》所叙两殿起居，德寿殿有前殿和寝殿，康寿殿（又称灵芝殿）也应有本殿和后殿，德寿殿和康寿殿可能也是南北向的前后关系。[②]

禁籞即德寿宫后苑，四面分别为："东则香远（梅堂）、清深（竹堂）、月台、梅坡、松菊三径（菊、芙蓉、竹）、清妍（酴醿）、清新（木犀）、芙蓉冈；南则载忻（大堂乃御宴处）、射厅、临赋（荷花）、灿锦（金林檎）、至乐（池上）、半绽红（郁李）、清旷（木犀）、泻碧（金鱼池）；西则冷香（古梅）、文杏馆、静乐（牡丹）、浣溪（大楼子海棠）；北则绛华（椤木亭）、俯翠（茅香）、春桃。"[③]

时间上，绍兴十五年（1145）四月，赐第秦桧；绍兴三十二年（1162）六月，以新宫名"德寿"；淳熙十五年（1188）

① 〔宋〕周必大著，王瑞来校证：《周必大集校证》，上海古籍出版社，2020年。

② 〔宋〕周密著，李小龙、赵锐评注：《武林旧事》（插图本），中华书局，2007年。

③ 〔宋〕潜说友：《咸淳临安志》，《宋元方志丛刊》，中华书局，1990年。

十二月修盖吴皇太后宫殿完工；淳熙十六年（1189）二月，宋孝宗内禅，居重华宫；庆元元年（1195）改重华宫为慈福宫（宪圣吴太后迁居），旧慈福宫为重寿殿（寿成谢太后居住）；庆元二年（1196）五月，更旧慈福宫为寿慈宫；开禧二年（1206）二月，寿慈宫前殿火，谢太后迁居南内，次年崩；咸淳四年（1268）四月，原德寿宫北部改建宗阳宫，南部改为民居。

虽然时间上经历了秦桧旧第、德寿宫、重华宫、慈福宫、寿慈宫等多个时期，但古代文献中明确的建设行为却记载较少。秦桧受位于"甲第一区"的赐第时及之后，当有建设行为。高宗拟禅位时将所筑新宫以"德寿宫"为名，当又有一次建设行为。乾道三年（1167）春，建"冷泉堂""飞来峰"和"聚远楼"，开展"大池"，应为第三次建设。修建慈福宫，则在第四次。淳熙十五年的第四次建设，应形成了重华宫居中轴线、慈福宫居于次轴线的格局。

三、前三次发掘回顾

至今，该遗址已经过四次考古勘探和发掘，基本明确了遗址的西至、东至和南界，发掘揭示了宫墙、便门、大型殿基、道路、水池、水渠、假山石、排水暗沟等丰富的考古遗迹。前三次考古工作，基本形成了这样几个学术成果：一是在2001年找到了南宫墙和东南转角及邻墙的部分建筑；二是在 2006 年第一次发现了德寿宫西部的便门、道路和园林遗存，确定了西界，提出了宫内园林建筑可能并非严格按照"南朝寝、北后苑"进行规整布局的猜想；三是在 2010 年明确了遗址的中轴线基本居中。

2001 年 9 月至 12 月，在配合望江路拓宽工程的考古发掘中，我们第一次发现了德寿宫的东宫墙、南宫墙和部分宫内建筑遗迹。东宫墙紧邻今直吉祥巷西侧，呈南北向，揭露长度约 3.8 米，夯土墙心，外侧包砖。南宫墙约位于今望江路南部，东起今直吉祥巷西侧，西近今靴儿河下，墙体通宽 2 米，残高 0.83 米，以砖包砌，拐角处以角石加固。

2005 年 11 月至 2006 年 4 月，在望江地区旧城改造过程中，我们对原杭州工具厂地块进行了发掘，目的是了解该区域地下遗存的保存状况。经发掘，我们又一次发现与南宋德寿宫密切相关的西宫墙与便门、水渠、水闸与水池、砖铺路面、柱础基础、墙基、大型夯土台基、水井等重要遗迹。西宫墙位于靴儿河下东侧，呈南北向，墙基宽 2.2 米，残高 0.7 米。西宫墙的发现，标志着德寿宫的西界由此确定。另外，水池、水渠和假山石的发现，为我们一窥南宋时期园林建筑面貌提供了极为重要的实物资料。

在 2010 年 4 月至 7 月的第三次考古中，我们又发现南宋德寿宫遗址多处建筑遗迹，包括夯土基础、宫殿建筑基址及水井、暗沟等，基本明确了德寿宫遗址中轴线南部殿堂类建筑遗迹的大致分布情况。

四、2017 至 2020 年的发掘

此次发掘区域位于小营街道吉祥社区。东至建国南路，西邻中河，北至河坊街、杭州市天艺幼儿园及断河头小区，南至望江路。该地块原为杭州工具厂，后拆建为停车场。根据国家文物局《关于杭州工具厂地块旅游配套项目建设工程涉及临安城遗址保护范围选址的批复》和浙江省文物局相关要求，我们于 2017 年 4 月进驻遗址现场，5 月经国家文物局批准正式实施考古发掘。

发掘工作历时三年，至 2020 年 1 月正式完成，并转入室内整理与研究。此次发掘区域主要位于德寿宫宫殿区西南部，局部涉及中轴线及东部位置，发掘面积 6900 平方米。（图 1）

（一）主要遗迹

南宋时期遗迹多存在叠压打破，除南宋初期遗迹外，目前可主要分为三组三期，即德寿宫一、二、三期。现存一期遗迹因叠压打破关系导致破坏严重，揭露较少；二、三期遗迹可见其大致格局，平面布局较为接近，且以第三期布局最为清晰。

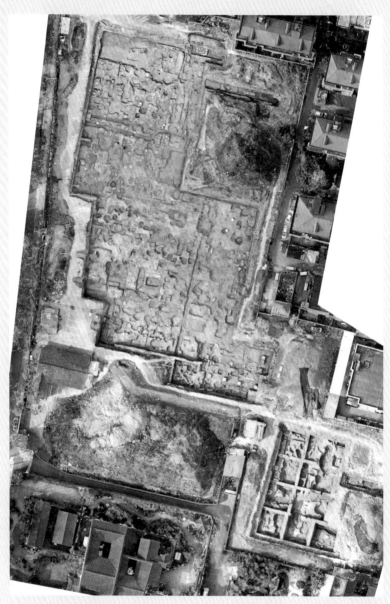

◆ 图1　遗址中西区发掘全景

1. 一期遗迹

现存遗迹多较零散，难辨其规模与布局。

（1）于西区西北部发现院落一组，墙基通体为砖块砌筑。其中，东西向砖墙长约40米，南北向为两道平行的砖墙，长30余米，宽度均在0.8米左右。

（2）于西区中部发现东西向大型砖砌道路，现存长度30余米、宽1至2米，局部区域南侧存有散水结构。该道路东西两侧均向外延伸，其中西段当可延伸至西便门位置，东侧于近中轴线位置缺失。

（3）于近中轴线位置发现大型庭院墁地，通体为长方形砖错缝侧砌，东西向宽约7米，南北向保存情况较差，最长处仅存0.4米。其东侧有一辅道，东西向宽约1.5米，南北向残存最长处近3.5米。庭院东侧有一南北向露道，剖面呈弧形，中部隆起，两侧稍低。该道路以南见有一砖砌踏跺，呈北低南高状，于踏跺南侧见有零散磉墩，因受晚期遗迹叠压和打破，无法明确其格局。

2. 二期遗迹

包括房屋建筑基址及园林遗迹等。

（1）东区：东区仅见夯土台基，未见明确柱网结构，应当为园林设施。

（2）中区：近中轴线处见有庭院墁地，为长方形砖侧砌，十字拼花。其东北侧见有一石质踏跺残迹。房址仅揭露部分前檐柱及金柱，推测该处应为一面阔五间、进深三间的大型建筑基址。

（3）西区：西南部见有庭院墁地，为长方形砖侧砌，平面呈十字拼花状。其北侧有一房屋建筑，现存面阔三间，进深一间。

西北部见有一处大型房屋建筑，因叠压打破情况严重，现无法明确其建筑体量。根据磉墩分布状况，初断其为一台基平面呈"工"字型的建筑。

在西区发掘区东北角发现砖石混砌驳岸一处，东西向长近12米，两侧向北转折并继续延伸，残存最高处达0.6米。底部为双层条石砌筑，其上为块石垒砌，东侧局部背土为长方形砖填充。驳岸临水侧植有松木桩。其内近中部有一条石、块石混砌的建筑，外侧立木桩加固，东西向宽近4米，向北延伸至探方北壁外，可能为水榭、舫一类建筑。因受发掘面积限制，尚未明确其具体分布范围池。根据驳岸所处位置接近中轴线这一线索，我们认为此处驳岸遗迹应为德寿宫北部小西湖（大龙池）之西南隅。

3. 三期遗迹

三期遗迹因营建年代较晚，保存状况相对较好，其建筑布局大致可辨。

（1）东区：除西部近中轴线位置发现一排南北向磉墩及少

量的庭院铺地砖外，多为园林设施。

（2）中区：于南部近中轴线位置见有一处大型房屋建筑，北侧因近小区围墙，未能完全揭露。根据现有房址磉墩排列情况，我们认为其当为一面阔五间、进深三间的大型宫殿建筑。其北约30米处，另有一大型建筑。目前仅揭露其西侧部分，进深为三间，东西向面阔未完全揭露。该院落轴线以西有一南北向四柱廊道，南北两端皆延伸至发掘区外。轴线以东廊道面阔一间，其外檐即为东区所见南北向排列的磉墩。

（3）西区：西南部见有一建筑，面阔三间，进深一间，其南侧有穿廊，其东侧有南北向廊道。该建筑以北，为一处进水渠及水池、假山基础等组成的园林遗迹。进水渠遗迹在2006年已发现，近西便门处尚存水闸。该渠蜿蜒曲折，最宽处可近2米，呈西高东低缓坡状，并于出水口存在较大落差。水池平面呈近长方形，东西向长约20米，南北向宽约10米。未见驳岸但界限清晰，底部通体为红夯土，并有松木桩作地钉。其砌筑方式较为特殊，承重能力较大，有别于遗址区内其他水池遗迹，其上当原有叠石成山（人工太湖石堆砌假山）。

西区中部、水池北侧有一面阔三间、进深三间建筑，可能为楼阁或凉棚一类建筑。

西区北部发现大型宫殿建筑一处，建筑结构相对清晰，除西南侧少量磉墩缺失外，其余部分保存较为完整。该建筑面阔

漆器

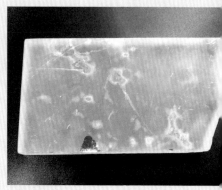

玻璃

高丽青瓷（龙纹）

高丽青瓷（云纹）

◆ 图2　出土器物

五间，进深三间，其东侧有南北向廊道。

（二）出土器物

本次发掘出土各时期器物标本数千件（组），其中以陶瓷器占比最高，瓷器中又以宋元时期青瓷为大宗。瓷器所属窑口主要为龙泉窑、景德镇窑、越窑和建窑，以及以耀州窑、定窑为代表的少量北方窑系瓷器。其中较精美者有南宋官窑瓷残件、高丽青瓷残件等。瓷器器型以碗、盘、瓶、壶、罐、缸等日用器为主，也见有少量笔山、水盂等文房用具及花插、器座、瓷俑之类的摆件。（图2）

另外，出土有一批砖瓦、脊兽等建筑构件，石质文物，动物骨骼及骨器，铜钱、金银器等金属文物，漆木器，料器等，并提取大量植物遗存。

五、结语

德寿宫遗址经过历年发掘，目前已可大致明确其西南部、及中轴线局部布局。宫殿整体布局呈北偏西15°，较同地块内南宋初期正南北向建筑略有偏转。中部建筑虽经三次修改建，但当心间位置在轴线上几无变动，即中轴线未曾位移。根据已知的德寿宫南、东、西三侧宫墙，我们发现的建筑群落的中轴线居中略偏西，并不完全处于正中位置。结合发掘过程中，在中部以东位置多见青灰色淤泥这一情况，我们猜测中轴线的偏移可能与避让较为松软的河流故道有关。

西侧建筑群组于第三期出现较大规模的修改建情况，且建筑物数量明显大于第一、二期。结合文献记载，我们认为第三期遗迹可能与前述第四次建设行为有关，应属重华宫、慈福宫建筑组群。

本次发掘中，我们积极引入科技考古、土遗址现场保护及多学科交叉研究的理念，有效提取了一批木质文物及动植物遗存，为德寿宫内生态环境等的复原提供了较丰富的实物遗存依据。经过初步整理，我们发现德寿宫水池内存在多种螺、贝类遗存，其中数种贝类为海产动物。此类相关研究工作将持续推进。

德寿宫遗址虽经历年发掘，但因受限于可发掘面积，大池（小西湖）、后苑区域及宫址北界等，仍有待进一步探索和证实。

探寻城市记忆中的南宋太学

姚永辉

　　庆春路与延安路交界，熙熙攘攘的人群穿梭在繁华街区，这里是杭州最为中心的地段。矗立在此若八爪鱼般的立交桥，有效地舒缓了拥堵的交通、减少了道路事故的发生（图1）。当人们登乘窄小深长的电梯徐徐而下时，很容易见到那座略微古老，如鹤立鸡群般仿西式风格的红色砖房建筑。建筑周围高楼林立，在它的东北角，巨大的良渚玉琮 Logo 告诉我们那里是浙商银行之所在。当你的目光投射到这座低矮的红楼，脑海中忽然升腾出一股一探究竟的好奇，它牵引着你的步伐踏进红楼，那深藏在城市记忆中曾经鲜活、如今却已陌生的历史也就开始缓缓展露。

一

　　这座城市的过去和今天，就这样叠合交织，行走在街头巷尾，不经意的微小之处，稍作停留探寻，似乎它就能变成哆啦 A 梦

◆ 图1　庆春路与延安路交界的立交桥，笔者摄于2021年

的任意门，带你进入一个新世界。那座有着坡顶、巴洛克风格外立面的古老建筑，因其系用红色清水砖建造而成，俗称"红楼"，如今是杭州城市建设陈列馆之所在（图2）。假如时光倒流，医学院的药水味、法院的审判声、书院印刷书籍的油墨味纷至沓来，直至回到那个刚刚历经战火，大概可以由此眺望西湖的年代（图3）。

靖康之乱，宋室南渡，几番辗转，历经十余年，在绍兴八年（1138）将临安府升级为行在，宋高宗下诏内修政事，缮治甲兵，以定基业，这座城市即将被进行"都城"式改造。随着城墙、城门的修缮与改建，宫城、中央官署、宗庙等建筑大规模地营造，城市格局发生了翻天覆地的巨大改变，临安城从北宋州治变为实质意义上的帝所神都。从空中俯瞰，这座状如腰鼓的临安城，南北长，东西窄，南高北低，在这狭小、不规则、水网遍布的城市空间里安置堂皇的中央机构或礼制建筑并不容易。皇宫大内到这里也不得不改变在整座城市中坐北朝南的格局，而宫殿也因数量不够而"随事揭名"（图4）。

从吴越国到北宋，杭州最繁华的地带集中于城南与城中一带，城北稍显宽闲。然而，靠近钱塘门的城北，不可不谓自然条件优渥的好地段。大量的北方移民涌入，开始迅速填满城市的空隙，此地人口密度日趋增高，权贵与皇室邸宅多占其地。南宋初年朝廷凭恃武人力量抵抗金兵、平定内乱，武人力量迅

◆ 图2　今杭州城市建设陈列馆，俗称红楼

《西湖全图》一角（20世纪10年代）

《西湖全图》一角（20世纪20年代）

《西湖全图》一角（20世纪30年代）

◆ 图3　西湖全景

　　今杭州城市建设陈列馆，南宋时这一带曾为岳飞宅，后改建国子监、太学。其西侧的尽头，即为西湖钱塘门一带。清宣统二年（1910）十二月，清政府在此创设浙江高等审判厅暨高等检察厅、杭州地方审判厅暨地方检察厅，在20世纪10、20年代的《西湖全图》中简称为高审所、高检所、地审所、地检所。民国十九年（1930），浙江高等审判厅更名为浙江省高等法院，见20世纪30年代的《西湖全图》。

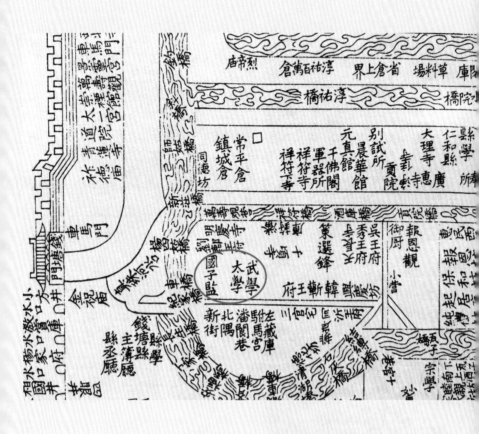

◆ 图4 《咸淳临安志》京城图一角

速崛起的同时也获得朝廷恩赏与特权，广占宅邸与田产，也多集中于城北。明庆寺南就有刘光世赐第，韩世忠家占有新庄桥西赐第与清湖桥西赐第，前洋街有岳飞赐第等。南渡的士大夫也多寓居于此，如伊川（编者注，即程颐）之后程迥，也在临安府升级为行在的这一年，定居于纯礼坊的后洋街（图5）。

正是这一年，有官员提议行在所已定，应兴建太学，为国家培育人才，当时朝廷和战未决，未能施行。三年后，局势变化，宋金绍兴和议，国策"坚定"转向为偃武修文，高宗和秦桧一派为推行和议国策，组织了持续的歌功颂德文化运动，以增强"国是"的政治合法性。这些文化运动的开展实为和议甫定后朝野论议紧张下高宗与秦桧一派的应对策略，在这样的情况下，象征崇文偃武的兴学一事再次迅疾提上议事日程。然而，国子监、太学究竟安放在城市中的哪个位置，成为难题。

国子监、太学的选址最初并未考虑城北前洋街，而是城中，即涌金门南、凌家桥东的临安府学所在地。北宋时期的杭州府学原本设置在紧邻城南通越门处。临安升为行在后，宫城占用了城南凤凰山右原来临安府治的位置，临安府治搬迁到府学，以府学改充府治，府学只好北迁至凌家桥东，以慧安寺故基重建，即涌金门南之地。绍兴十二年（1142）四月，秦桧干将、起居舍人杨愿请以临安府学增修为太学，十二月下诏太学养士权于临安府学措置增展（《建炎以来系年要录》卷一四七），

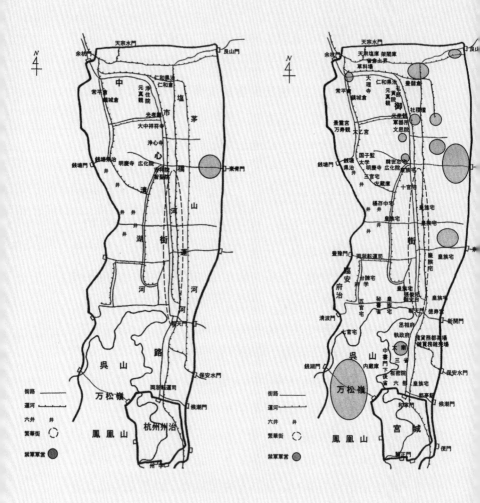

◆ 图5　北宋（左）、南宋（右）杭州城内的空间形态（高桥弘臣：《南宋临安
における空間形態とその変遷》,《爱媛大学法文学部论集（人文学科编）》33
号，2012年第6、9页）

所有府学先次别选去处建置，其增展屋宇约可容生员三百人，斋舍并官吏直舍等并临安府措置修盖（《宋会要辑稿》方域二之十六—十七）。此时，临安府学自绍兴元年（1131）从城南丽正门（原通越门）搬迁到涌金门一带已11年。不过，以临安府学改建太学还未完成，在王㬎上任临安知府两月后就改变了方案。

朝廷为何放弃以府学改建太学的方案，文献中并没有直接的答案，仅仅提到绍兴十三年（1143）正月十五日，临安知府王㬎言踏逐得钱塘县西岳飞宅子地步可造太学并国子监（《宋会要辑稿》方域二之十七）。岳飞宅位于城北钱塘门附近，曾经因屋宇不足，在绍兴十一年（1141）秋由临安府负责扩建过，然而众所周知，在那一年的十二月，岳飞宅随着岳飞身陷牢狱被籍没。一年后，这个地方被王㬎选中，上奏朝廷建国子监、太学。无论如何，我们可以明确的是，当时以涌金门附近的临安府学改建太学的方案并不令人满意，所以才会重新"踏逐"更合适的地方。涌金门府学一带，环境逼仄，周围衙署、铺席甚多、屋宇密布，多年以后还有人吐槽该地"湫隘"，在这个地方营建中央最高官学确实不是上选，既不能彰显其威仪，又不能保证其作为学舍应有的宁静。如果再将视野放大，临安城河路并行，沿盐桥运河的御街当之无愧成为城市政治与实用意义兼具的主干道。考古发现的四段御街展现了从和宁门至景灵宫的一段纵横南北的道路，在这条城市的主动脉上分布着三省六部、太庙等重要的建筑群。相比位于涌金门和清波门中间的凌家桥府学之所在，毫无疑问，岳飞宅距离城市中轴更近，在此建设兼具礼制与官署、学舍性质的国子监、太学更符合皇权对都城营建的原则和期待（图6）。

二

绍兴十三年（1143）春，临安府开始以籍没的岳飞宅改造太学并国子监，半年后竣工。从时间上看，工期并不算短，《梦粱录》中说"规模宏阔，金碧壮丽"，想必接近事实。但是，太学的内部空间格局如何呢？1936年10月12日，受聘为浙江大学史地系教授兼主任、史地研究所所长，后又兼任文学院长的张其昀在"总理纪念周"演讲"南宋杭州之国立大学"。后来，演讲稿发表于《史地杂志》（1937年创刊号）。张其昀在杭州城市史研究方面，撰写过如《西湖风景史》《南宋都城之杭州》等具有开创意义的论著。在这篇演讲稿中，张其昀根据地方志和《梦粱录》中的记载，绘制了南宋太学校舍的全貌平面图（图7）。

张其昀依据建筑的不同功能，将太学分为三块区域：中部办公区（崇化堂、首善阁等，讲堂四所）、西部孔子庙（大成殿、

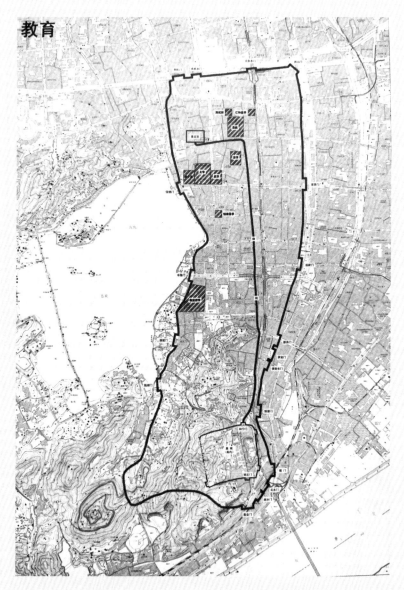

◆ 图6 南宋杭州城内学校选址示意图 （杜正贤《南宋都城临安研究：以考古为中心》，上海古籍出版社，2016 年）

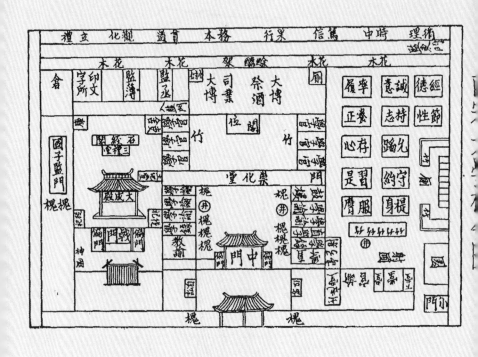

◆ 图7 南宋太学校舍图（张其昀《南宋杭州之国立大学》，第76页）

石经阁）、东部学生宿舍区（二十斋、斋前射圃），东南隅有岳王庙，各斋学生常择前辈同学著有成绩者题名壁间。林正秋和徐吉军大致都沿用了张其昀的分区，有所区别的是，林正秋认为射圃位置应在太学后①，徐吉军认为是在斋舍后②。

我们不妨还是回到文献，看看南宋初期建设太学的细节。对于高宗而言，接续宋朝命脉，讲徽宗崇儒故事成为论证其合法性的手段之一。国子司业高闶在高宗绍兴兴学中承担了重要的角色，他不仅在学规、科考内容等方面积极建言，对于太学的营建也出谋划策。唐代以来，一直都有以大门立戟数量彰显门内主人的等级和地位的规定。宋太祖建隆年间（960—963），诏用"正一品"礼立十六戟于文宣王庙。徽宗时继续提升孔子地位，于大观四年（1110）诏先圣庙用二十四戟。高闶建议高宗依照徽宗时的做法，诏文宣王庙门立二十四戟。绍兴十三年（1143）七月，国子监、太学甫一落成，高宗便委派秦桧奉安至圣文宣王像于国子监大成殿。高闶对此不乏溢美之词，说孔子像"美哉轮奂之工，俨若励温之气"。其实，更重要的是孔子塑像，乃是戴冕十二旒，服九章，执镇圭。真宗过曲阜时曾加谥孔子为"至圣文宣王"，大中祥符二年（1009）正月又加冕九旒、服九章、从上公制。徽宗崇宁四年（1105）从司

① 林正秋：《南宋都城临安》，西泠印社出版社，1986年，第280—282页。
② 徐吉军：《南宋都城临安》，杭州出版社，2008年，第442—444页。

业蒋静请，诏太常寺考正文宣王庙像冠服制度，最终升级文宣
王服为王者之服即冕十二旒、服九章，又图绘颁之天下郡邑。
此前，依真宗时期行上公制，文宣王执桓圭。（《周礼·春官·大
宗伯》"以玉作六瑞，以等邦国。王执镇圭，公执桓圭"。）
徽宗大观四年（1110）升文宣王执镇圭。在此南渡复建之际，
高宗仍然依照徽宗时的做法，即文宣王服王者之服、执镇圭。
期间，有司曾请以药玉或珉石作镇圭以奉文宣王，高宗以"崇
奉先圣岂可用假玉"为由坚持拒绝，这都是表达对孔子及儒学
极为尊崇之意。高宗在兴建国子监、太学的过程中参与度很高，
如为首善阁榜题词，在视学礼结束后又作孔子及七十二弟子像
赞，冠以序文，亲自书写，以隆重的仪式，沿巡幸原路，送达
学宫，并揭之大成殿上及二庑。庙学毗邻而建，《梦粱录》中
说"学之西偏建大成殿"，殿内除至圣文宣王像之外，另有十
哲配享。两庑彩画七十二贤，另有诸像从祀（图8）。

　　高宗绍兴年间（1131—1162），国子监、太学初具规模，
后累朝陆续扩建增修。功能分区固然能帮助我们迅速了解国子
监、太学的内部建筑布局，但是并不足以反映当时的人对这些
建筑布局的认知。我们不妨换个思路，回到《咸淳临安志》，
跟随知府潜说友的视角来看看太学。潜说友带着我们首先看到
的是太学门口理宗题"太学"牌匾。随后，沿着大成殿—大成
殿门—首善阁—光尧石经之阁—崇化堂—监学官题名—学官

位—前庑—斋舍—后土氏之神。先庙后学，在"庙"之后紧接着讲述的是御书所在的"首善阁""光尧石经之阁""崇化堂"，"首善阁"有高宗皇帝御书三匾之石刻，与累朝御札、御制，包括皇帝幸学诏等；"光尧石经之阁"有孝宗皇帝御书匾，以及高宗及皇后手书《易经》《诗》《尚书》《左氏春秋》《礼记》等石经，高宗皇帝所制宣圣七十二贤赞并序；"崇化堂"，有理宗皇帝御书，存景定元年（1260）更学令、御书朱熹白鹿洞学规等。这些保存着御书、御札的地方，成为太学中至为神圣的地方，也塑造着这里作为中央最高官学的政治形象。

太学讲堂"崇化堂"之左右为"监学官题名"。崇化堂后，"东西为祭酒、司业位，两庑则国子、太、武学博士，国子、太学正录，武谕位凡十，登科题名列于楹间"（《咸淳临安志》）。崇化堂前为"前庑"，举录直学位各二，学谕位八，教谕位一。"网必有纲，丝必有纪，太学群天下之英，而前廊帅之，亦纲纪之意也"（《咸淳临安志》）。至行程的末尾，才介绍学生重要的生活区——"斋舍"。

南宋太学营建之初，设置十斋，分别是服膺、提身、习是、守约、存心、允蹈、养正、持志、率履、诚意（后改为"明善"）。后又续增七斋：观化、贯道、务本、果行、崇信（后改为"笃信"）、时中、循理。绍兴二十七年（1157），周绾为祭酒，又请增置三斋：节性、经德、立礼。学生犯了学规，严重者要

◆ 图8　孔子及七十二弟子像赞刻石拓本之一，碑石现保存于杭州孔庙的回廊。北宋李公麟画像，南宋绍兴二十六年（1156）刻，高宗撰文并书。南宋时置于太学，元代曾埋没于乱石荒草，至明代逐渐被收集整理，正德十二年（1517）存于杭州府学。命运辗转，令人唏嘘。

被责令"搬到别的斋舍"即"迁斋"，如果此人"果不肖"，所迁之斋也可以不接受。如果再严重些，还有一类"自讼斋"，说起来像是相对独立的居处，自宿自处，但恐怕条件是很差的，以一种"隔离群体"的方式来对违规的学生实施惩罚。斋舍，如果用今天的话来说，类似宿舍、自修室、食堂、浴室、休闲娱乐区的综合体。各斋皆有楼，揭题名于东西壁，东西序对列位次。郭黛姮推测说，每斋呈小型三合院，主房下是厅堂，上为楼。而在厅的左右是东序、西序，有的斋有小亭（《南宋建筑史》）。她所说的小亭，多称为"炉亭"，炉亭也揭以嘉名。宋理宗绍定三年（1230），学录乔夙所记录的翻修立礼斋的过程，为我们提供了一个了解斋舍空间结构的参照：

> 向之砖者易以石，向之壁者易以板，窗塞者通，渠淤者决，位序厨湢，开豁爽垲。东窗后为航斋，循栏接武，斯须身在百尺楼上。湖山地涌，图画天开，一览无际。下则炉亭，方广周密，横斜疏影，妙入生绡。锦褥细毡，铺设左右。摩光黟黑，其泽可鉴。夜坐灯烛交辉，瓶炉香满，郁然潭府。琴书诗酒之娱，非移于宛转蹁跹者所可比拟也。况乃所赖而用，若几案，若床第，若食饮器皿，靡不坚好。又台榭新成，花木繁植，斋旁旧有亭池，筑之益高，绿竹环焉。凿之益深，清泉冽焉。池旁古柳披拂云雾，楼台侧畔杨花过，

正诸生春风得意秋也。

屋宇坚实洁净，环境清幽雅致，令人神往！这次新修立礼斋也惹来非议，说环境好得过分了，"非士之常"。这位乔学录倒是要好好和他掰扯掰扯，他义正辞严地说，天子之学，培养的都是未来的国之栋梁，"虽周公不能辞其富"，难道一定要作困窘寒苦状，才是应有的常态？

三

国子监、太学作为中央最高官学的形象在城市中"符号化"，要经过皇权的"确认"。前面说到，皇帝亲书匾额等，既是皇帝彰显皇权，也是中央最高官学在全国民众，尤其是"都人"群体前"刷存在感"的途径。更何况，宋金和议之后国是转向偃武修文，但异论并非戛然而止，此时举行隆重的视学典礼，正是国是坚定的宣称。这多重的意义，我们从绍兴十三年（1143）秋国子司业高闶、太学录祖逢清等先后上的请幸学表中能读出一二。绍兴十四年（1144）三月，临安城举行了盛大的皇帝视学典礼，高宗绍兴视学礼的仪式流程被孝、宁、理、度宗沿用。

车驾幸学当日，皇帝出宫城北和宁门，穿过朝天门鼓楼，经御街北上，至御街与纯礼坊（位于国子监、太学之东）的交界，由此转向太学所在的东西向的前洋街（图9）。皇帝浩浩汤汤的车驾卤簿，其人、声、物、色的整严组合，营造出至尊、隆重的氛围，民众亲迎粹容、明感天威，借此直观感知临安作为"行在所"的政治文化空间，以及皇帝崇儒隆学、偃武修文的政治意图，其意义丝毫不亚于庙学内的仪式。皇帝视学遵循由西向东、先庙后学的路线。高宗绍兴视学礼，服靴袍、乘辇进入国子监，然后止辇于大成门外，这是高宗的特别"发明"，秉承儒家"优尊之道"，以屈尊的形式表示不敢居于孔子之先，免鸣鞭以彰显至敬之心，由礼官引导进入之前在殿外东南方向预设的御幄，进而举行大成殿内的祭奠仪式。在大成殿的仪式完成之后，皇帝再次乘辇，幸太学，与先前止辇于大成门外以显示对孔子的至敬不同，依照"优尊之道"，这次是在敦化堂（崇化堂）内降辇，以彰显皇帝的权威。

皇帝在敦化堂内行颁诏示乐育之意，听讲经、赐茶等，据说还曾观徽宗大晟乐（陈镐《阙里志》卷六"礼乐志"）。大晟乐，是徽宗积极谋划的乐制改革的重大成果，为此徽宗还专门成立了大晟府，负责乐器制造、调音等工作。靖康之乱，宫廷书籍、器物流散，这一次的视学礼是否有能力演奏大晟乐，不免令人怀疑。敦化堂内的讲经，篇目是高宗亲自指定，他命高阅讲《周易》"泰卦"，《周易·泰》为六十四卦之第十一卦，上乾下坤。小往大来，吉亨。《象》曰："天地交，泰。后以财

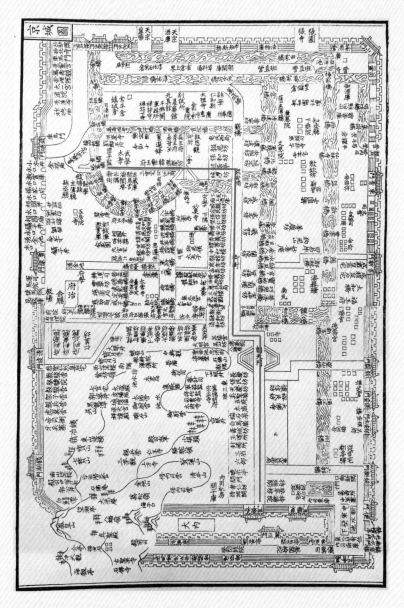

◆ 图9 《咸淳临安志》京城图，笔者所加红色标注为南宋皇帝车驾幸学路线

成天地之道，辅相天地之宜，以左右民。"泰卦，天地相互交合，象征亨通太平，君王应效法此道，掌握天地化生的规律，管理天下。《象》曰："天地交而万物通也，上下交而其志同也。内阳而外阴，内健而外顺，内君子而外小人。君子道长，小人道消也。"（《周易正义》卷二《泰卦》）泰卦象征天地阴阳交合，君臣上下交相沟通，志同道合。高闶应大致围绕颂太平、君臣在既定国是面前应保持统一的政治立场等阐发其意。在当时的政局之下，对于亟须平息众议、使人心转向思安的高宗来说，显然具有特殊的意义。

皇帝视学，对于太学生来说，能一睹天颜自是幸事，然而最令学生们期待的还是皇帝能临幸斋舍。宋徽宗视学就曾临幸精微、造士二斋，高宗视学每每效仿徽宗，幸斋舍也不例外。高宗原本仅临幸养正斋，但是因为养正斋与持志斋相邻，受不住持志斋的学生力邀而驾幸。皇帝临幸斋舍，除了斋舍可以获至上荣光之外，所幸斋舍的学生往往还能得到恩赏。养正、持志二斋，因为得皇帝临幸，二斋长谕，已免解人特与免省，未免解人与免解，其学生并与免将来文解一次。不过，为了避免之后再出现这种临时"邀驾觊恩"的行为，后来"未幸学之先"，"必预敕斋名"，预先指定斋舍（《四朝闻见录》卷一甲集"高宗幸太学"）。养正、持志二斋由于得高宗幸斋，幸学诏得记于斋壁，时时令人观瞻，皇权潜在地塑造着太学诸生各斋舍不成文的"等级"序列，皇帝暂时放下"威严"，通过与学生的亲切接触，获得其拥护、认同与支持。

学成早日出仕，是学子们共同的愿望，那些从斋中走出去、"成功"的前辈学人自是成为学子们追捧的对象，各祠本斋有德行的人，比如循理斋祠杨简，观化斋祠王十朋、崔与之等。斋舍本身也连带着成为名斋，例如郑清之求学时住过的持正斋，何澹求学时住过的经德斋都被视为名斋。说起这个经德斋的由来，也充满了戏剧性。据说在绍兴年间，临安有人梦见经德生员为省试第一，后来就增创经德斋。何澹由经德冠南宫，有诗刻石纪其事，还写在斋壁上，倪思和"经德名斋久历年，名斋之意至今传。不回非以干荣禄，欲使瞻之在目前"。时中斋因人才辈出，"中兴建学，垂四十年，由时中仕者，凡二百人，而魁天下士者，于今有四"，斋中学生多引以为傲。同舍生若有擢第归斋，在斋内则会举办"光斋"之礼。如淳熙八年（1181）时中斋曾举行盛大的光斋宴会，"设席于风云庆会之阁，三大魁实与焉"。

为了达成自己的愿望，学子们也常行祝祷之事，例如炉亭行祭。岳珂在《桯史·太学祭斋碑》中说"国学以古者五祀之义，凡列斋扁榜，至除夕，必相率祭之。遂以为炉亭守岁之酹，祝辞惟祈速化而已"，祈祷能尽快入仕。所以，炉亭的命名也切合学子的愿望。例如，笃信斋就有状元、宰相二亭，观化斋有伦魁、宰辅二亭。有时，学生还到钱塘门外的寺庙祈福，期望能高中。文、武两学邻近钱塘门，跨纪家桥继续西行便可出城门，太学生与西湖有关的轶事也常见于史籍（图10）。据说，一次高宗乘御舟经断桥，"有小酒肆颇雅洁，中饰素屏，书《风入松》一词于上"，得知是太学生俞国宝醉笔，高宗嫌末句"明日再携残酒"酸腐，改"明日重扶残醉"。后来，俞国宝竟因此而得解褐。（《武林旧事》卷三"西湖游幸"）

蒙元的铁蹄踏碎临安旧梦，那个曾经规模宏阔的太学去而不返，存放在杭州孔庙内的太学石经，文字斑驳，裂痕犹新，也许是当年兵燹之祸最直接的见证。过去的历史似乎都被掩藏在这座红楼及其相连的往西一带的地面之下。当你的眼睛触碰科学的考古地层，从唐宋到民国，所看到的似乎不是一条条生硬的分界线，而是那些蠢蠢欲动，等待被揭开、讲述的鲜活历史。好像唯有如此，踏在这座城市之上的步伐才足够坚实。

摄于 1919 至 1924 年（杜正贤《南宋都城临安研究：以考古为中心》，上海古籍出版社，2016 年）

钱塘门遗址局部，笔者拍摄于 2021 年

◆ 图10 杭州钱塘门

从中原到江南：解密南宋六陵

郑嘉励

一、宋六陵概况

宋六陵，在今浙江省绍兴市区东南约 18 公里富盛镇赵家岙的宝山南麓；南宋时期，其地属两浙东路绍兴府会稽县上亭乡上许里上皋村。

上皋村地方，北有宝山（雾连山），南有上皇山（新妇尖），两山草木葱茏，遥遥相望，略呈合抱之势。两山之间，是相对平旷的谷地，今为碧绿而弥望的茶园，一派江南风光（图1、2）。

南宋有国百余年，这片茶园却是皇家禁地，先后建起七位皇帝、七位皇后（宋哲宗孟皇后、宋徽宗郑皇后、宋徽宗韦皇后、宋高宗前室邢皇后、宋高宗吴皇后、宋孝宗谢皇后、宋宁宗杨皇后）共 14 座"攒宫"。他们的灵柩埋葬于此，陵区总面积约在 2.5 万平方米左右，规模可观。这七座皇帝攒宫，依年代顺序，依次为宋徽宗永祐陵、高宗永思陵、孝宗永阜陵、光宗永崇陵、宁宗永茂陵、理宗永穆陵和度宗永绍陵攒宫。不知何故，后人将"七帝七后"陵地俗称为"南宋六陵"，至今通行。

"七帝七后"坟墓，既有陵号，为何又自称"攒宫"？故事要从头说起，绍兴元年（1131）宋金战事方酣，宋哲宗遗孀孟皇后，在流亡过程中病故于绍兴，无法归葬中原故土，只好就近安厝于会稽山余脉的上皇山下，这是宋六陵营建之始。

"攒宫"之名，是戎马倥偬之际的权宜说法，据王明清《挥麈录》载，由于孟皇后在重新确立南宋政权正统性中的关键作用，朝廷本来想为她建造正式的"山陵"，但修奉官曾纡说："帝后陵寝，今存伊洛，不日复中原，即归祔矣，宜以攒宫为名。"北宋祖宗陵寝既然在河南洛阳巩县，将来恢复中原，应该迁葬回老家，不宜径称"园陵"，宜以"攒宫"为名，意为"临时葬地"。曾纡的提议，获得众人认同。即使绍兴十二年（1142），宋金和议后，金人归还宋徽宗等人梓宫（棺木），入葬绍兴，正式上永祐陵号，依然加有"攒宫"的后缀。这与南宋临安城始终只称"行在所"，而不称"京师"的情形相仿。

20世纪60年代兴建的平（水）陶（堰）公路，在谷地之间穿过，将陵区分为南、北两区，今人常以南陵、北陵称之。南、北陵的区分，不见于宋人记载，但符合皇陵分布的实际状况。这种说法可能出现得比较早，至少浙江图书馆藏"宋孝宗陵碑刻"民国拓本档案中已有"南林"之名。

◆ 图1　南宋六陵鸟瞰

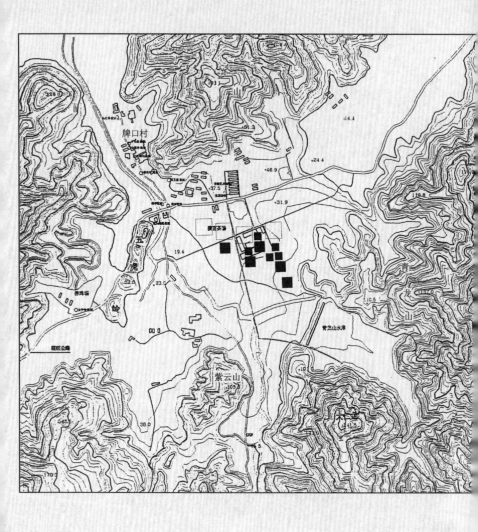

◆ 图2　南宋皇陵地理形势图（采自刘未《宋代皇陵布局与五音姓利说》）

这片茶园谷地,屡经平整,依然呈现出"东南仰高、西北低垂"的地势,南陵区南高北低的地势尤其明显。东南高山,西北流水,据说是赵姓"角音"所利之地,即堪舆术士所谓"大利向"。但在其西北部,越靠近宝山,地势转为北高南低,则与"大利向"相违。这段话有点突兀!没有关系,我将在后文详细阐述,理解这段话,便是解锁宋六陵的密码。

南宋时期的陵园,松柏参天,殿宇连绵,是庄严肃穆的禁地。宋元鼎革之初,"番僧"杨琏真迦盗发六陵,地面建筑和地下石藏毁坏殆尽。明代屡经重修,但是陵位淆乱,制度改观,其规模仅如《万历会稽县志》所载"诸陵仅存封树,唯孝、理二陵献殿三间,缭以周垣,理宗陵有顶骨碑亭。宰牲房一所,斋宿房一所,其右为义士祠"而已(图3)。

1949年后,因为农场、茶场的建设和破坏,明清重建的享堂、封土也尽数毁去,唯余数丛古松树,散布于谷地之间,作为众攒宫所在的唯一标识。经测年,树龄约在距今120至180年之间(图4)。

"自古未有不亡之国,亦无不掘之墓",历代帝王陵墓,或多或少都有损毁,但彻底毁坏如宋六陵者,则不多见。

◆ 图3　康熙《会稽县志》卷首《宋六陵图》

◆ 图4　南宋六陵远眺，唯有三二松树丛，标识着皇陵的存在

二、五音墓地与形法墓地

第一次来宝山的人，一定会纳闷：宋六陵南北皆山，而南宋的帝后，竟然放弃眼前的自然高地，将墓穴埋葬在两山之间的谷地，为什么？

当我们这样设问时，其实就已开启了打开宋六陵之谜的钥匙。

江南卑湿。墓择高阜是自古以来的常识和惯例，史前时期太湖流域的的崧泽、良渚文化，人们堆筑高大的土墩，用以埋墓；汉六朝唐宋墓葬，均选择埋葬在山麓至半山腰地带。唯独宋六陵一反常态，要解释这个奇怪的现象，须从河南巩义北宋皇陵说起。

北宋皇陵位于巩义市（原名巩县）的西南部，在南依嵩山北麓、北傍伊洛河水的黄土岗地上，共有七座皇陵（宋太祖永昌陵、太宗永熙陵、真宗永定陵、仁宗永昭陵、英宗永厚陵、神宗永裕陵、哲宗永泰陵）以及宋太祖赵匡胤之父赵弘殷的永安陵，并祔葬有 22 位皇后，以及上千座皇室成员的陪葬墓，习称"七帝八陵"（图 5）。

北宋皇陵的自然地势，就呈"南高北低、东穹西垂"之状，这是宋金时期中原地区流行的"五音姓利"堪舆术的择地要求。据北宋王洙等编撰《地理新书》，人们把姓氏分成宫、商、角、徵、

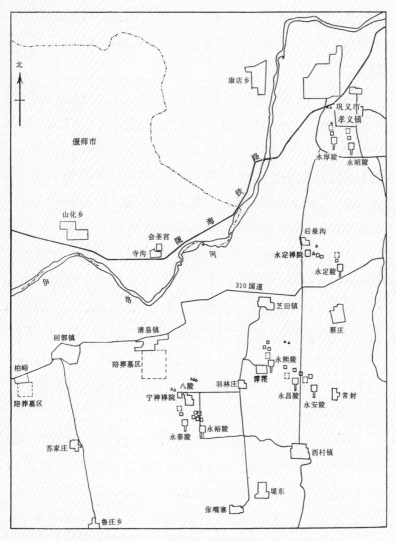

北

康店乡

巩义市
孝义镇

永厚陵 永昭陵

山化乡
会圣宫 陇
寺沟 河

偃师市

海 铁 路

伊 洛

后泉沟
永定禅院
永定陵

310国道

芝田镇

蔡庄

回郭镇
清易镇

陪葬墓区

柏峪
陪葬墓区

八陵
宁神禅院

羽林庄

永熙陵

霄雁

永昌陵
永安陵

常封

苏家庄

永泰陵
永裕陵

西村镇

堤东

鲁庄乡

张嘴寨

◆ 图5 北宋皇陵分布图

羽五音，再将五音与五行（土、金、木、火、水）四方相联系，推断与其姓氏对应的阳宅、阴宅方位的吉凶，即所谓"大利向""小利向"。

"五音"是北宋官方的堪舆术，为皇室、士大夫及富裕平民阶层所遵循。自明清以来，该系统的堪舆术逐渐失传。宋元时期，中原北方地区流行以五音姓利为原则指导墓地的选址和规划，我们可以将其称为"五音墓地"，例如北宋河南新郑吕夷简家族墓地、安阳韩琦家族墓地、巩县北宋皇陵，均属其例，而且是延续多代人、多房派，规划有序的家族墓地。

按照五音的分法，皇室赵姓，属于"角音"（也称"国音"）。角音与木行对应，木主东方，阳气在东，所利地形为"东南仰高、西北低垂"，这就是角音墓地的"大利向"。葬师将风水择址与丧家的贫富贵贱、愚贤寿夭乃至国运联系起来，今天的读者受过现代科学的洗礼，知道这是胡乱联系的巫术，只要知其然而无需知其所以然，明白北宋中原地区的家族墓地通常遵循五音姓利就够了。

绍兴元年为孟皇后选定上皇山葬地，就因为太史局官员（职掌堪舆风水的技术官僚）认为其地势与巩县相仿，符合赵家人的"大利向"。南宋赵彦卫《云麓漫钞》说得明白："永安诸陵（即北宋皇陵），皆东南地穹，西北地垂，东南有山，西北无山，角音所利如此。七陵皆在嵩少之北，洛水之南，虽有冈阜，不甚高，互为形势。……今绍兴攒宫朝向，正与永安诸陵相似，盖取其协于音利。有上皇山新妇尖，隆祐（孟皇后）攒宫正在其下。"

坐北朝南的坟墓，却选址于"东南高、西北低"的地方，背后无高地可倚，在南方人和现代人看来不免奇怪。这是因为现代人受到后世主流的"形势派"堪舆风水观念的影响，此与"五音姓利"属于不同的风水体系，我们将以"形势派"为原则指导选址的墓地称为"形法墓地"。

南方典型的"形法墓地"，是大家耳熟能详的地理模式：墓葬坐北朝南，位于藏风纳气的"怀抱之地"，墓穴在高处，后景开阔，自前而后，犹如我们前往南京瞻仰中山陵，拾阶而上，逐级抬升，陵园气势摄人。而宋代皇陵坐落于平地上，非但不足以壮观瞻，沿着神道向前，往献殿、陵台（封土）方向瞻礼，地势反而越走越低。这种"反常"的布局，就是宋陵拘忌于角音的缘故。

河南中原大地，一马平川，地下水位深，将墓穴埋于平地，无论是土洞墓，还是平面呈多边形、仿木构的穹窿顶砖室墓，均采用深埋的形式。"五音"择地术与其自然环境是相适应的，平地埋墓犹如在白纸上谋划，较南方山地丘陵地区，更能规划出长幼尊卑有序的家族墓地，故而为皇家和上层士大夫、富裕平民家族所乐意采纳。这么说吧，像北宋皇陵、韩琦家族这种"五音墓地"，在观念上，都是堪舆风水的祸福观念与聚族而葬的儒家伦理观念的混合体。

而在多雨、多水、多山的江南，自然条件、人文传统与中原迥异。五音姓利堪舆术并不适用于江南，南方地区流行江西、福建流派的风水术。明代义乌人王祎《青岩丛录》（《学海类编》本）说："择地以葬，其术则本于晋郭璞所著《葬书》二十篇……后世之为其术者，分为二宗：一曰宗庙之法，始于闽中，其源甚远，至宋王伋乃大行。其为说，主于星卦，阳山阳向，阴山阴向，不相乘错。纯取五星八卦，以定生克之理。其学浙闽传之，而今用之者甚鲜。一曰江西之法，肇于赣人杨筠松，曾文迪及赖大有、谢子逸辈，尤精其学。其为说主于形势，原其所起，即其所止，以定位向。专指龙穴沙水之相配，而他拘忌，在所不论。其学盛行于今，大江以南，无不遵之者。"

福建"理气派"和江西"形势派"（或称"形法派""峦头派"），是今天人们耳熟能详的风水术语，二者同出于风水先生的"祖师爷"——郭璞《葬书》，其中以"形势派"为择地的主流。

葬必择地，郭璞《葬书》倡导"遗体受荫"说，死者的遗骸若得"地气"，则会福荫子孙。如何使遗骸得气？《葬书》认为"葬者，乘生气"，墓穴应卜址于"生气之地"。生气在地下流动，在某些地点汇聚起来。"气乘风则散，界水则止"，风一吹，气就散了，遇水则气聚而不流失。所以，"形势派"风水，讲求"龙、砂、水、穴"四大要素。墓穴所在，后有靠山，是为"来龙"；左右有山峦回护，远处有案山照应——左青龙、右白虎、前有案，是为"砂"；墓地像一把安稳的太师椅，而前方又有河水蜿蜒流过，是为长流之"水"（图6）。

在江南的堪舆家看来，背风、向阳、面水、藏风、纳气的"怀抱之地"，最宜建墓。江南"形法墓地"与中原"五音墓地"是两种根本不同的墓地形态。

简单来说，在墓地形态上的差异，"五音墓地"择址于平野，可与多代人聚葬的家族墓地兼容；而"形法墓地"各自寻求独立、封闭的怀抱地形，则与家族墓地不能兼容。元末明初大儒宋濂《赵氏族葬兆域碑铭》说："盖大江以南拘泥于堪舆家，谓其水土浅薄，无有族葬之者。"以朱熹为例，朱熹的祖父朱森，墓在福建政和县莲花峰下，祖母程氏墓在政和溪铁炉岭；父亲朱松，初葬崇安县（今武夷山市）五夫里，后改葬崇安上梅里，生母祝氏墓，在建阳县天湖之阳；朱熹夫妇墓，在建阳九峰山；朱熹长子朱塾，葬于建阳县另一个地方；次子朱垶，又埋在建阳别的地方；三子朱在，墓在建安县永安寺后。朱熹的祖父母、父母，居然均未完成夫妻合葬。

朱熹家族墓地如此分散，就因为他们遵循南方术数"多占风水"之故。绍熙五年（1194），因为绍兴陵地的地势卑下，"五音墓地"不适应南方的实际，宋孝宗永阜陵的择址引发争议，朱熹奏上《山陵议状》说："臣窃见近年地理之学，出于江西、

◆ 图6 云和正屏山南宋墓，就是典型的形法墓地

福建者为尤盛。"就建议以南方的"形法墓地"取代两宋皇陵固有的"五音墓地"。

朱熹的建议，未为朝廷采纳，因为对南宋皇陵而言，"国音"是皇室承袭了两百多年的传统，即便身处江南，也必须照搬祖制，毕竟这关乎国运，甚至象征着南渡政权皇统的正统性。北宋皇陵的传统，对南渡的继承者而言，就是"祖宗故事"，除非万不得已，不可变更。尽管在朱熹等南方人看来，这种做法，悖理殊甚。

三、角姓"昭穆葬"与祖宗故事

我们说"五音墓地"是风水观念与儒家族葬观念的复合体，那么，除了术数的原则，就必然涉及不同身份成员墓穴位次的排列问题。

王洙《重校正地理新书》卷一三"步地取吉穴"条："凡葬有八法，步地亦有八焉。……八曰昭穆，亦名贯鱼。入先茔内葬者，即左昭右穆，如贯鱼之形。……唯河南、河北、关中、陇外并用此法。"

昭穆葬法，是五音墓地中流行的一种与家族墓地相适应的取穴方法，通过以墓穴在墓地中不同的位次排列来标识、规范不同家族成员之间的长幼之别，从而维护墓地的长幼尊卑秩序

（图7）。关于"角音昭穆贯鱼葬"，北京大学考古文博学院刘未先生《宋代皇陵布局与五音姓利说》一文有深入研究，以下就是我对刘未研究的通俗化解读。

五音墓地的排布，以"墓园"为基本单位，同一墓园内按不同姓氏所利的特定方位排列不同墓穴的位次，而先后不同的墓园，又按照各姓所利方位进行斜向排列——就"角音"姓氏而言，自先而后，墓园由东南至西北方向，依次斜行排列。

首先，我们必须明白五音墓地中的"墓园"概念。

在堪舆术士看来，一块平整的墓地，分成正方形或近正方形的七七四十九个方格，即49个穴位，以八干、四维、十二时辰共24个汉字，标识四边的24个方位。"四维"乾坤艮巽，"艮"指东北，"巽"指东南，"乾"指西北，"坤"指西南，这是许多人熟悉的，例如宋徽宗建造的艮岳就位于开封城的东北；十二时辰，子丑寅卯辰巳午未申酉戌亥，以子、午代表北南，卯、酉代表东西；八干是甲乙丙丁庚辛壬癸。其实这些都是古人日常生活中的常用的文字，风水罗盘也就是这个模样。由此可知，角音的大利向为"坐丙向壬"，即"坐东南、向西北"。

七七四十九穴，理论上均可埋墓，但事实并不如此，风水先生认为只有甲、丙、庚、壬四穴为四阳干，可以安穴。其余诸穴，均不可用；正中位置的穴位，名叫"地心"，也称明堂，所谓"天子葬明堂"，只有皇帝才可安穴，臣庶不可僭用。这就是五音墓地的一个完整单位——墓园。

在现实中，上述规定可以稍加变通，逐一说来，会很复杂。我们既然不想改行看风水，只要足够说明宋六陵的规划原则即可。简单说吧，这 49 个穴位，与姓利相关的最适宜埋墓的穴位只有丙、壬、甲三穴；同一墓园内也强调位次的长幼尊卑，所以也称尊、次、卑三穴。

待用完尊、次、卑三穴，剩下的 46 穴皆不可用，就在已经"饱和"的墓园（最早设立的墓园，即"祖坟"所在）以外，斜向开辟一个新墓园；在新辟的墓园中，同样的法则，再次上演，待填满尊、次、卑三穴，又在新墓园之外，斜向再开辟一个更新的墓园。

在角音墓地中，旧墓园趋于饱和，便在其西北方向，但不能低于旧墓园的东西轴线（"再向正西偏北辛地作一坟，不得过西地"）新辟一墓园。这就是《地理新书》的"昭穆葬"所谓"角姓祖坟下丙、壬、甲三穴葬毕，再向正西偏北辛地作一坟，谓之昭穆葬，不得过西地，分位仿此"的确切含义（图 8）。

如此这般，子子孙孙，周而复始，越是晚辈家族成员的墓园距离祖坟越远，晚起的墓园，便一路向西北斜向排布过去。当然，在实际的丧葬活动中，不可能有广阔的土地可供无限排布。所以，大家族的墓地都有分区，巩义北宋皇陵更分为规模宏大的四个陵区。

地理新書角姓貫魚葬圖解　　　　地理新書昭穆葬圖　　　　宋妇人研繪画磚中的以条穿魚之狀

◆ 图7　宿白《白沙宋墓》昭穆贯鱼葬图解

角姓祖墳下丙壬甲三穴葬畢，再向正西偏北辛地作一墳，謂之昭穆葬，不得過酉地，分位做此。

◆ 图8　《重校正地理新书》"墓园"及"昭穆葬"图解（采自刘未《宋代皇陵布局与五音姓利说》）

需要指出的是，五音墓地以墓园作为规划单位，正中心的明堂位，是开辟墓园时用来埋藏买地券的地方，所谓"斩草立券"，作为向山神、土地神购买坟地的凭证，普通臣僚和平民绝不能用以安穴埋墓。唯独位居"九五至尊"的天子，可以不循常规，即元张景文《大汉原陵秘葬经》所谓"天子葬明堂"。

宋代皇陵，安穴于明堂，与常人不同，除此则遵循角音墓地的一般原则。一座皇陵的上宫围墙，就是一个独立墓园，陵台（封土、玄宫）居于墓园的正中，正是明堂之位，也就是说，帝陵与普通人不同，在明堂安穴，无需像常人那样按照丙、壬、甲三穴来规划。后起的帝陵，位于前一帝陵的西偏北，则与"角姓昭穆葬"普遍原则一致。

明乎此，我们再来考察北宋皇陵。巩义北宋皇陵，分为四大陵区：西村陵区，有宣祖永安陵、太祖永昌陵、太宗永熙陵；蔡庄陵区，仅有真宗永定陵；孝义陵区，有仁宗永昭陵、英宗永厚陵；八陵陵区，有神宗永裕陵和哲宗永泰陵。以年代最接近南宋的八陵陵区的宋神宗、哲宗陵为例，具体说明北宋制度（图9）。

宋神宗永裕陵，由上宫和下宫，以及钦圣宪肃向皇后、钦慈陈皇后、钦成朱皇后、显恭王皇后4座皇后陵组成。此外，还有若干皇室成员的陪葬墓。陵区南北长约2200米、东西宽约500米。永裕陵上宫前有神道，神道上设有望柱和52件石雕像；

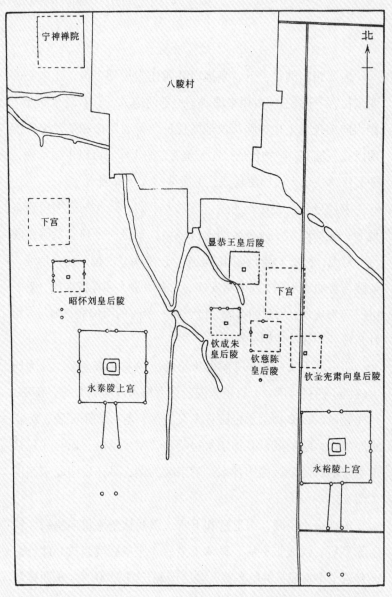

宁神禅院

八陵村

北

下宫

显恭王皇后陵

下宫

昭怀刘皇后陵

钦成朱
皇后陵

钦慈陈
皇后陵

钦圣宪肃向皇后陵

永泰陵上宫

永裕陵上宫

◆ 图9　北宋皇陵八陵陵区宋神宗、哲宗陵分布图上宫围墙呈正方形（即前述的"墓园"，围墙边长约 240 米），覆斗状的陵台位于上宫正中，底部边长约 48 米（即墓园之"明堂"位）；下宫，位于上宫的西北方向（即所谓"坐丙向壬"），是供奉大行帝后御容之所，经勘探南北长约 150 米、东西宽约 130 米。在上、下宫之间，祔葬有 4 座后陵。所有的陪葬墓，一律分布于下宫的西北。

宋哲宗永泰陵，位于永裕陵上宫的西北方向，即前文所分析的当旧墓园（祖坟）趋于饱和，便在祖坟西北方向新辟一墓园。

永泰陵制度与永裕陵完全相同，亦由上、下宫和祔葬于上下宫之间的昭怀刘皇后陵，以及下宫西北的陪葬墓组成。陵区南北长约 1000 米，东西宽约 370 米，就形制而言，犹如永裕陵在其西北方向，复制、粘贴了一遍。

要之，北宋皇陵的制度高度定型，概括如下：

一、皇陵平面布局整齐划一，均由上宫、下宫、皇后陵和陪葬墓组成。帝、后上宫，平面呈方形，以陵台为中心，覆斗状的陵台下方，就是玄宫（皇堂、墓室）；陵台前方，建有献殿，为举办上陵祭祀礼仪之所。

二、上、下宫分离，下宫位于上宫的西北，显然与角音"坐丙向壬"的大利向有关。非惟下宫如此，皇后陵、陪葬墓等，均位于帝陵上宫的西北方向。

　　三、同一陵区内，后起的帝陵，位于前一帝陵的西北方向；同一帝陵兆域内，后起的皇后陵，均位于前一皇后陵的西北，同样由东南（丙地）向西北（壬地）斜向依次排列。从各陵的相对位置看，尊长居东南，卑幼在西北，角音墓地所利地势为"东南仰高，西北低垂"，愈往西北，地势愈低。

　　四、帝后采用"同茔异封"的合葬形式，即"同茔不同穴"，合葬于同一帝陵兆域，但皇后另起陵园和陵台，并祔葬于上、下宫之间。

　　我之所以不厌其详地讨论"角音昭穆葬"与北宋皇陵制度（图10），因为这是南宋的皇位继任者必须遵循的"祖宗制度"，是认识南宋皇陵制度的基础。尽管宋六陵攒宫在设置上多有减省，例如不设陵台和石像生，规模也大为缩小，但在基本制度层面，在南宋中期以前，可以用全面照搬祖宗制度来形容。

　　一言以蔽之，南宋六陵就是北宋皇陵在江南的翻版。正所谓不晓中原就无以晓江南，不知北宋便无以知南宋。

四、陵区的形成和布局

　　说完制度，后面的事情就简单了。同样的历史，历史学家看重制度及其运行，普通读者关注人物的故事和命运。人是制度下的人，不敢说人是制度的奴隶，至少人的生存状态和命运

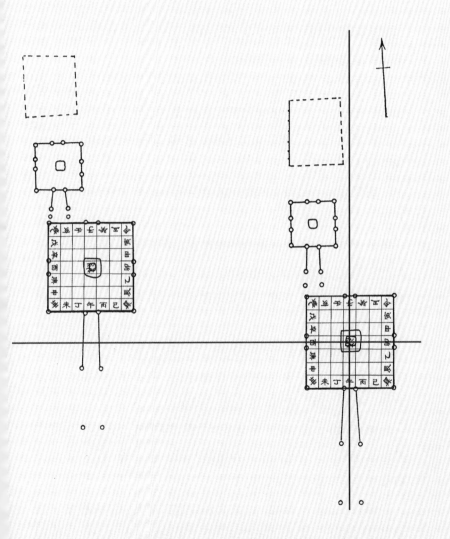

◆ 图10 北宋皇陵布局与昭穆贯鱼葬关系图解（采自刘未《宋代皇陵布局与五音姓利说》）

与其生活时代的制度和文化密切相关。严肃的历史本该如此，不是我故意想把故事讲得枯燥一点。

靖康二年（1127），金人俘掠徽钦二帝、皇后、嫔妃、皇太子、亲王、公主、宗室和其他在京大臣北返，皇室成员中唯有宋哲宗孟皇后,宋徽宗第九子康王赵构(即稍后登基的宋高宗)等个别人侥幸逃脱。

绍兴元年（1131）四月，孟皇后崩于越州（绍兴府），六月攒于上皇山新妇尖下，并以泰宁寺为下宫。这是最先入葬宋六陵的成员，也是陵区规划的基准点。泰宁寺本为陆游祖父陆佃的功德坟寺，后来成为南宋前期众攒宫的陵寺。《嘉泰会稽志》载："永祐、永思、永阜、永崇四陵修奉皆在其地，故泰宁益加崇葺云。"

宋代典籍《宋会要辑稿》和《中兴礼书》，对宋宁宗永茂陵以前的攒宫的营建和位次有详细记载，可以据此推测并大致复原"七帝七后"攒宫的位次和平面布局。

绍兴元年，孟皇后（昭慈圣献）攒宫下葬于会稽县上皇村，其地东南高山，西北流水，乃角姓大利之地，"神园方百步"，以泰宁寺为下宫，专奉香火。

绍兴十二年（1142），宋金和议成，金人归还宋徽宗、郑皇后（显肃）、宋高宗邢皇后（宪节）梓宫，并遣送当时仍在世的宋高宗生母韦皇后南返。宋徽宗等人梓宫原拟在临安府或会稽县龙瑞宫安葬，然未果行。最后，徽宗永祐陵落址于孟后攒宫"西北地段"顺次择穴，即孟后神园"近北偏西"的五十步稍外。依角音昭穆次序，郑皇后、邢皇后攒宫在徽宗攒宫北或正北偏西。孟后、徽宗、郑后、邢后四攒宫的神园、禁地合计用地"二百一十七亩五十七步"。

绍兴二十九年（1159）韦皇后崩，安穴在"永祐陵篱寨内显肃皇后神围正西约一十九步"。

淳熙十四年（1187）宋高宗（永思陵）崩，次年三月下葬。永思陵上宫在永祐陵西北，在韦皇后攒宫"正西向南"。永思陵上宫方位，及其与永祐、宪节诸陵距离的数据，在《中兴礼书续编》卷四二中有详细记载。

宋高宗吴皇后（宪圣慈烈）晚十年卒，祔攒于"永思陵正北偏西"，应在永思陵上、下宫之间。

绍熙五年（1194）六月九日宋孝宗（永阜陵）崩，葬地的选择曾引起朝廷上下的激烈争论，最终上宫定在"在永祐陵下宫之西南，永思陵下宫之东南，那趫向南石板路上"修建。若依角姓昭穆次序，后起攒宫应该位于前一攒宫的西北，自东南向西北顺次排列，永阜陵上宫应该选址在永思陵西北，但因为那里"土肉浅薄"，最终落地于永思陵下宫与永祐陵下宫之间，已经打破了角音墓地的昭穆次序。

庆元六年（1200）八月八日，宋光宗（永崇陵）崩，次年三月，安穴在"永阜陵西，永思陵下空闲地段"（图 11）。

嘉定十七年（1224）宋宁宗（永茂陵）崩，因永崇陵西北，地势卑下，"相视迫溪"，实在无地可择。永茂陵上宫决定转移至泰宁寺山，并拆迁泰宁寺，据以为陵。事实上，永茂陵已经离开了新妇尖的南陵区，新辟的宝山北陵区，既未遵循角音墓地昭穆次序，甚至已突破角音墓地的大利向，开始向形法墓地转变。

绍定五年（1232）杨皇后（恭圣）崩，次年四月祔葬永茂陵之西北。

宋理宗（永穆陵）、宋度宗（永绍陵）二陵的位次，文献无载，据宋六陵遗址现场判断，应在北陵区的永茂陵之西北（图 12）。

综上所述，南宋六陵分为南、北二陵：南陵区，即新妇尖陵区；北陵区，即宝山陵区。

南陵区，以孟皇后攒宫为基准点，其西北为宋徽宗永祐陵，永祐陵北偏西为显肃郑皇后、宪节邢皇后、显仁韦皇后三座攒宫；永祐陵西北为宋高宗永思陵，永思陵上宫北偏西为宪圣慈烈吴皇后攒宫；宋孝宗永阜陵上宫，在"永祐陵下宫之西南，永思陵下宫之东南"的位置；而宋光宗永崇陵，则葬于永思陵上宫的西北位置。诸帝陵上宫方三十五步，下宫方五十五步，哲宗孟皇后、高宗吴皇后攒宫方三十六步，其余祔葬的皇后攒宫，

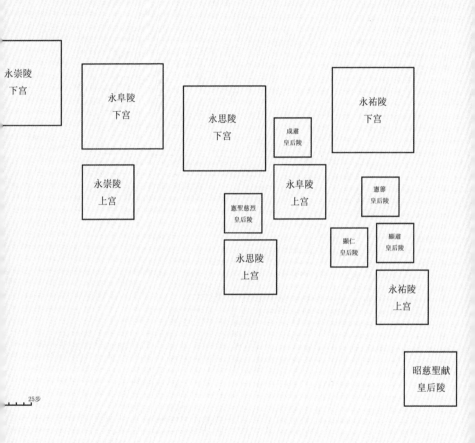

◆ 图11 "南陵区"诸攒宫位次复原示意图（采自刘未《宋代皇陵布局与五音姓利说》）

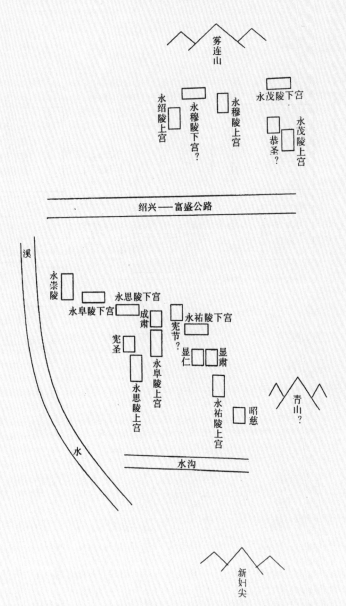

◆ 图12　南宋六陵攒宫位次复原示意图（据刘毅《南宋绍兴攒宫位次研究》）

均方二十五步，可见孟、吴二皇后的地位之特殊。

而北陵区，与南陵区分离，另以宋宁宗永茂陵为新基准点，其西北依次为恭圣仁烈杨皇后、宋理宗、度宗三座攒宫。

南、北陵区的形成，先后有两个主要节点，一是宋孝宗永阜陵局部突破了角音墓地的昭穆序次，二是宋宁宗永茂陵则整体性地突破了角音墓地的择址模式。

2018年浙江省文物考古研究所在南陵区发掘的"一号陵园"上宫遗址，揭示了某座皇陵的上宫垣墙、门殿、享殿（献殿）、享殿后龟头屋石藏等遗迹；古建筑学者结合文献初步复原了上宫的建筑形态，并推测一号陵遗址应为宋徽宗、孝宗或光宗三位皇帝攒宫中的某座上宫。这是南宋六陵考古的突破性成果（图13、14、15、16、17）。

五、从"五音墓地"到"形法墓地"

绍熙五年（1194）六月九日，太上皇帝宋孝宗驾崩于重华宫。围绕其葬礼和山陵选址所引发的轩然大波，是"庆元党禁"前夕的大事件。

宋孝宗病重期间，宋光宗拒绝过宫问疾。在孝宗驾崩后，光宗拒绝主持丧礼，一时人情汹汹、政局动荡。

七月三日，在孝宗"大祥"前夕，左丞相留正称疾遁去。

理宗

度宗 杨后

宁宗

光宗 吴后 谢后

孝宗 邢后

高宗

韦后 郑后
徽宗
孟后

◆ 图13　南宋六陵诸攒宫的上宫位次复原示意图

◆ 图14 宋六陵"一号陵"遗址发掘场景航拍图

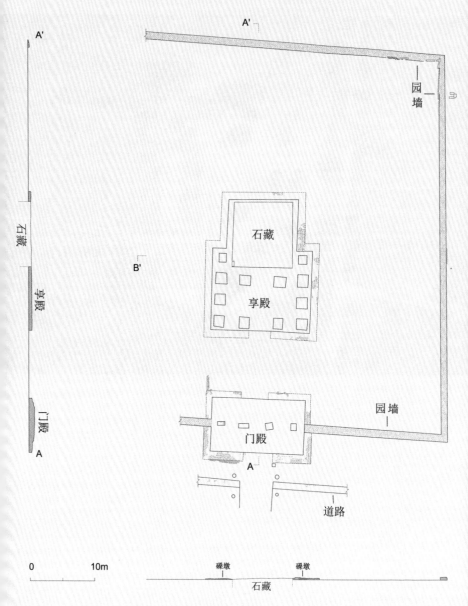

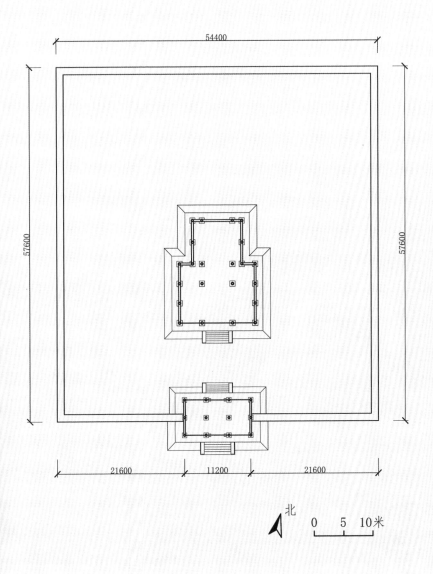

54400

57600

57600

21600   11200   21600

北   0   5   10米

◆ 图16　宋六陵"一号陵"遗址总平面复原示意图

◆ 图17　宋六陵"一号陵"陵园遗址整体复原鸟瞰图

七月五日，知枢密院事赵汝愚联合知阁门事韩侂胄、工部尚书赵彦逾，经太皇太后吴氏默许，扶立嘉王登基，是为宋宁宗，史称"绍熙内禅"。八月十八日，有定策功的枢密使赵汝愚升为右丞相。

与此同时，永阜陵在宝山择址工作正紧张进行中。七月十六日，"按行使副孙逢吉、吴回言：荆大声等相视大行至尊寿皇圣帝神穴，在永祐陵下宫之西南，永思陵下宫之东南，那趱向南石板路上，乞差官覆按施行。诏，权工部侍郎兼侍讲黄艾充覆按使，入内内侍省押班续康伯副之"。因为太史局的风水先生选定的位次，与角音昭穆序次相违，孝宗玄宫本该定于永思陵上宫之西北，但其地"土肉浅薄"，遂改卜至永思陵西南。然而，朝廷又未以为然，又经过反复讨论，改就昭慈、永祐下宫修建，位置比荆大声所定"高六尺三寸"，又经孙逢吉等人复勘，最终确定了该位置。

尽管经过反复调整，地下水位依然较高，因此营建玄宫石藏子（墓室）必须格外坚固，《宋会要辑稿》载其玄宫"于箱壁石藏外五尺，别置石壁一重，中间用胶土打筑，与石藏一平"，致使"工力倍增"（图18）。

自永思陵以西，地势愈卑，水位愈高，不宜建陵，这是在江南地区照搬"五音墓地"模式所无法克服的矛盾。

赵汝愚明确反对该选址方案，他认为巩县皇陵"制度崇深"，

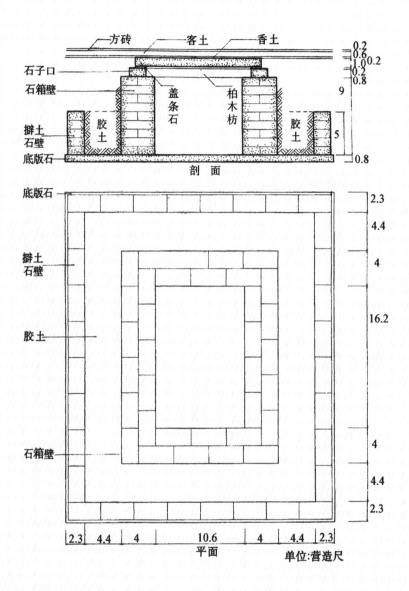

◆ 图18　宋六陵石藏子平剖面复原想象图（采自郭黛姮《南宋建筑史》）

皇堂下深五十七尺。南渡后，攒宫"实居浅土，蔽以上宫"。东南地区，所至皆山，地势局促，自然环境与中原不同，不能照搬五音模式。而恢复中原遥遥无期，不如趁早放弃绍兴陵地，另觅地势高亢的地方。

但留正、刘德秀等人则主张依例权攒于绍兴。据叶绍翁《四朝闻见录》载，赵汝愚、叶适、詹体仁等主张放弃绍兴陵地，并建议让朱熹门生、著名的风水术士蔡元定重新选址，而刘德秀坚持认为"山水之修，无如越地，盖甲于天下者也，宅梓宫为甚宜。且迁易山陵，大事也"，支持葬于绍兴。

改迁山陵的主张遇阻后，赵汝愚未再坚持己见。但在十月，朱熹来到临安后，上《山陵议状》，再次挑起争议。后来，朱熹曾多次抱怨赵汝愚不坚持原则。

七月十一日，赵汝愚召时任知潭州的朱熹赴京论事。八月五日，任命朱熹为焕章阁待制兼侍讲。次日，朱熹离开潭州，启程前往临安。

九月十四日，朱熹行至衢州，致书蔡元定，招其同往临安，一起讨论改卜山陵之事。《四朝闻见录》明确指出朱熹"信用蔡说，上书建议乞以武林山为孝宗皇堂，且谓会稽之穴浅粗而不利，愿博访草泽以决大议"。

蔡元定，一介布衣，人称西山先生，精通风水术数，"庆元党禁"期间，以"妖人"罪名，坐谪道州而死。朱熹本人在建阳的坟墓，即为蔡元定所卜。朱熹就改卜山陵之堪舆问题请教蔡元定，更拟将其召至朝廷，这就是朱熹《山陵议状》中"博访草泽"之意。庆元二年（1196）党禁日酷，监察御史沈继祖弹劾朱熹十大罪，其中一大罪名，就是朱熹"不顾祖宗之典礼，不恤国家之利害"招引"妖人"蔡元定妄议山陵。

十月初二日，朱熹至临安城；初五日，履任焕章阁待制兼侍讲。十月十日，在朝供职第一事，便上洋洋数千言的《山陵议状》，可见其对改卜山陵的深思熟虑和急迫心情。

在《山陵议状》中，朱熹明确反对五音，认为"国音坐丙向壬之穴"不合常理，朝廷世守其法，非但无福报，反而招致"靖康国难"这样的祸灾，可见其为无稽之谈。在江南照搬"国音"，等同于将宋孝宗的梓宫和遗骸置于水中而不顾，不如趁早广招术士，博访名山，寻求可葬之处，"若欲求之，则臣窃见近年地理之学出于江西、福建者为尤盛，政使未必皆精，然亦岂无一人粗知梗概，大略平稳，优于一二台史者？"——《山陵议状》的实质，其实就是以江南"形法墓地"替代中原"五音墓地"。朱熹建议由江西、福建民间术士（即蔡元定）负责选址，是以南方民间术数替代官方地理系统的五音姓利。

朱熹言辞激烈，毫不顾忌"五音"是承袭已久的祖制，也不考虑迁徙山陵必将延长葬期并滋生纷扰，朝廷正值多事之秋，并无可能采纳朱熹的意见。后来，蔡元定窜死于贬所，沈继祖攻击朱熹"不顾祖宗之典礼，不恤国家之利害"，固然有上纲上线之嫌，但就事实本身而言，相差不远。

十月二十三日，朱熹在经筵留身时，又向宋宁宗面陈四事，批评宋宁宗滥用内批和韩侂胄干政弄权，重申《山陵议状》的主张，认为改迁山陵是"今日最急之务"，原来的选址"既不为寿皇（宋孝宗）体魄安宁之虑，又不为宗社血食久远之图"。朱熹的所言所行，注定了他被驱逐的命运。

如果说，永阜陵在昭穆位次上的突破，只是因应江南实际状况的局部调整；那么，后来宋宁宗永茂陵在"北陵"另辟新区，则是陵园规划原则的大转折。

嘉定十七年（1224）闰八月三日宋宁宗崩，按角音昭穆序次，本应选址于光宗永崇陵之西北。但永崇陵上宫以西，地势更低，并"相视迫溪"，确实已经无地可择。

据《宋会要辑稿》载，闰八月二十六日，诏以参知政事宣缯为攒宫总护使，吏部侍郎杨烨为按行使；二十九日，按行使杨烨等人选定陵址：

> 判太史局周奕等相视得泰宁山形势起伏，龙虎掩抱，依经书于此创建大行皇帝神穴亦合随即补治，乞差官覆按施行。……先是，太史局周奕等于永崇陵之下相视，迫溪无地可择。继至泰宁寺山标建，故命使副覆按。既而，聂

子述等言，恭惟大行皇帝迁驭上宾，神宫定卜，而有泰宁寺者，素擅形势之区，名为绝胜之境。冈峦怀抱，气脉隐藏，朝揖分明，落势特达。是乃天造地设，储之百年，以俟今日之用。非大臣阅历之久，主张之力，上以闻陈两宫，下以镇压群议，则僧徒宁保其不为动摇哉！今此神穴，坐壬向丙，亦与国音为利益。伏望明饬有司，早严修奉。上谓使副曰：泰宁与昭慈相去多少？使副奏曰：昭慈陵侧仅一里许，往来最便。上曰：甚善。乃从之。

南陵区无地可选，永茂陵遂改卜至泰宁寺所在的泰宁寺山，此处"形势起伏，龙虎掩抱……冈峦怀抱，气脉隐藏，朝揖分明，落势特达"，俨然已为形法派术士的描述性语言。由"非大臣阅历之久，主张之力，上以闻陈两宫，下以镇压群议，则僧徒宁保其不为动摇哉"句判断，选址过程也曾引发巨大争议，毕竟"五音之术"承袭已久，改变必有阻力。

永茂陵系拆迁泰宁寺而建，宋理宗曾向覆按使使副聂子述等人询问："泰宁与昭慈相去多少"？使副回答"昭慈陵侧仅一里许，往来最便"。泰宁寺不在南陵区，而依宝山而建，故有"泰宁寺山"之说。

永茂陵改卜至宝山，新辟北陵区，既未遵循昭穆序次，甚至已突破"五音墓地"模式，向"形法墓地"转变。《宋会要辑稿》说永茂陵"今此神穴坐壬向丙",一改国音的大利向"坐丙向壬",实由"大利向"转变为"小利向",所以覆按使辩称"亦与国音为利益"。

由于南陵区无穴可择,永茂陵新辟北陵区,其选址标准,"形法墓地"因素可能已占据主导,而角音降至从属地位。据周必大《思陵录》记载,早在永思陵选址时,人们就注意到泰宁寺有山陵气象,因为泰宁寺僧人贿赂太史局才得以幸免。南渡以来,在太史局的技术传统中,五音并非绝对刚性的规定,只是祖制因循已久,变革不易,直到永茂陵选址,实在因为无地可择,遂改弦更张。

行文至此,回顾当年围绕永阜陵择址的争议,南方背景的朱熹、赵汝愚、叶适、詹体仁等人主张因地制宜,固然有其合理性,但南宋皇陵必须考虑"祖宗故事"与南渡政权的特殊性,一般士庶并无政治包袱,南渡之后,大可入乡随俗,而"国音"术数关乎皇室子嗣兴旺、政权合法性和国运兴衰,岂可轻易变更!朱熹激烈而不妥协的抗争,效果适得其反,教训可谓深刻。而《山陵议状》"泛求壮厚高平可葬之处"的主张,三十年后,在永茂陵方才得以部分实施。

从永阜陵到永茂陵,从"五音墓地"向"形法墓地"的过渡,可见南渡政权在中原与江南的传统和现实、在坚守祖制与"在地化"之间的摇摆和选择。南宋的政治文化,多承袭北宋而来,但在江南长期而复杂的发展中，又逐渐演变并形成新的范式，南宋皇陵的变迁，是为一例。

五音姓利、攒宫与南宋帝陵

李晖达

靖康元年冬，金军攻陷汴京，北宋灭亡。康王赵构在元祐太后孟氏（后改尊为隆祐太后[①]）的支持下，于南京应天府（商丘）称帝，是为宋高宗。在经历了建炎初年的辗转迁徙后，宋高宗与孟太后先后于建炎四年（1130）进驻越州行在。绍兴元年（1131）四月，孟太后病逝，遗令攒葬于绍兴宝山上皋村[②]，首建南宋攒宫陵园制度。绍兴十二年（1142），宋金和议达成，徽宗灵柩南返，继续卜葬绍兴宝山为永固陵，绍兴十三年（1143）更名永祐陵。此后，南宋的高宗永思陵、孝宗永阜陵、光宗永崇陵、宁宗永茂陵、理宗永穆陵、度宗永绍陵均建于宝山范围内，构成茔域相连的南宋皇陵区（图1），前后延续近一百五十年。

---

① 建炎元年（1127）五月，初尊元祐皇后为元祐太后，同年八月以避元祐太后祖讳，诏改为隆祐太后。建炎三年（1129）四月，加尊为隆祐皇太后。详见《宋会要辑稿》后妃二，第273页（上海古籍出版社2014年第1版，下同）。
② 今绍兴市富盛镇绍兴茶场范围。

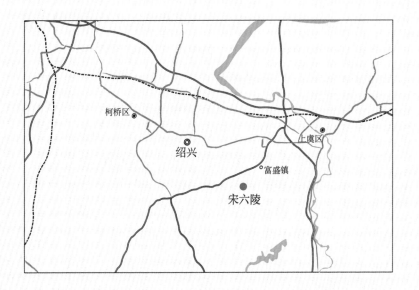

◆ 图1 宋六陵位置图

宝山陵区地处会稽山脉西北方向与宁绍平原连接处，地势南高北低，山南的溪流汇聚于西北山口（今名攒宫河），向北蜿蜒流注萧绍运河。初建昭慈攒宫时，高宗尚驻跸绍兴，路途较为便利。定都杭州后，自营建永祐陵起，搬运帝后灵柩至攒宫，均需先横渡钱塘江，取道萧绍运河，至绍兴后，仍需走一段水路，再转陆路直达宝山，行程约五六天，舟车交替，颇费人力。绍兴元年，南宋都城尚在绍兴府，将昭慈皇后攒葬于此，或可认为势在不得已。但自永祐陵起，继续以孟后攒宫为基本制度，以其山水形势为堪舆标准，舍杭州周边形胜于不顾，则需从北宋以来所尊奉的山陵制度与堪舆理论中寻找答案。

1. 五音姓利

在为昭慈太后攒宫择址时，"按行使梁邦彦状，据太史局申于东南利方踏逐到越州会稽县上亭乡上许里上皋村姓蒋、姓潜人地内堪作大行隆祐皇太后（昭慈太后）攒宫，依本局阴阳经书及与国音别无妨碍……其地东南天柱寿山强盛，及阳气三男丰厚，子孙之位相连，山冈地形滋荣，地土黄润，水出于西北远流，若用堪作殡宫及攒宫"[1]。

此处，任事官员提到的"国音"，即赵宋皇朝世代尊奉的"国音姓利"堪舆理论。这套理论即五音姓利，详载于北宋官修的

---

① 徐松，辑：《中兴礼书》卷二五六，第226—228页（《续修四库全书》上海古籍出版社，2002年，下同）。

《地理新书》。五音姓利之法由来已久，至唐代逐渐发展成为中原地区的主要风水流派。北宋建国后，宋太祖沿用这套观念，为其父宣祖赵弘殷建永安陵，开创两宋以五音姓利法则营建陵园的先河。

据《地理新书》载，五行理论是五音姓利的基础逻辑："人受天地之中，得其秀气以生，视听食息未有离于五行者也。是以人生则有居室，终则有兆域，举其姓氏配之于五行，因其盛衰以错于地。五行变，然后吉凶生，吉凶生然后利害明。"[①]可知，五音是与五行相配，随着五行生克的变化而辨别吉凶。其中，角音对应木（东方），徵音对应火（南方），宫音对应土（中央），商音对应金（西方），羽音对应水（北方），因此五音姓利实际上即为五行利宜。实际操作中，代表中央土行的宫音与北方水行的羽音合而为一，故而形成五音四方姓利：角、徵、商、宫羽。其中因宋代皇家赵姓属角音，故角音姓利又称为国音姓利。

五音姓利均以南北子午线为基本轴线，以理论中的地心为圆点，向东西南北四方向延展，同时墓地内部需有合于音利走向的水流，四周需备符合位置要求的三十八座山（称为"内外

---

① 〔北宋〕王洙等，编撰；〔金〕毕履道、张谦，校：《图解校正地理新书》卷一"五行定位"，集文书局，2003年。

三十八从将"①），如此方可构成一个理想的五音地貌（图2）。又因五音相配的五行方位不同，各音按照利向在前、坐山在后、尊位在右、凶败在左的原则对周边山势进行选择，最终形成了地势方向、山水环境差异甚大的五音墓地。

以角音大利向墓地为例（图3），其最佳墓穴选定在南北中轴线南端偏东一位（15度）的丙位。与丙位相对应的，是由丙位为起点，以直线穿过中心圆点相连接的壬位。而在地势上，丙位高于壬位，如此，丙为后、壬为前，构成坐丙向壬（正南偏东朝正北偏西）的角音大利向。实际上，"利向"只是各音利姓的一个概括性表述，还需严格考虑与之相配位的具体山水环境。

上文提到的利向在前、坐山在后、尊位在右、凶败在左的原则（而非东西南北的地理方位），与之相应的是四个方向的具体山形地势。代表角音大利向的正前方壬位的两侧，当有传送（亥位）、伏尸（子位）两座山峰，作为墓地的双阙状案山。并且，紧邻传送山的墓地西北角（乾位），近者为地户山，远

① 同上，卷六之"五音三十八将内从外从位"。内从将十七位为：传送、伏尸、小墓、谷将、始生、天仓、天柱、功曹、官国、冠带、大墓、勾陈、沐浴、天劫、刑劫、地劫、地户；外从将二十一位为：金匮、笏山、大德、生气、了戾、绶山、玉堂、青龙、阳气、朱雀、天门、钩镰、司命、死气、行痕、印山、白虎、阴气、天牢、真武、华盖。

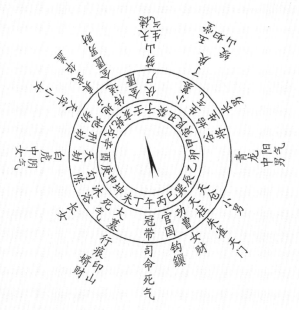

◆ 图2 角音内外三十八从将

◆ 图3 角音大利向

者为玄武山，又称为长生亥位，是墓地必须具备的出水口。而代表主位的丙位，其后（南向）为双坐山，分别称为官国（丙位）、功曹（巳位）。与功曹山相连的，是东南角上（巽位）的天柱等山，且天柱号为寿山，要求必须高大雄壮。天柱以北，则为代表右手尊位的青龙山（正东卯位）。因角音的青龙山居正东，属八卦方位的震位，故又称为震山。而右侧除代表本音的青龙（木）尊位外，寅、卯、辰三位又称为三男子位，代表子孙繁盛与否。故上文引昭慈攒宫择地时所说的"东南天柱寿山强盛，及阳气三男丰厚，子孙之位相连"。而角音墓地左手的酉位（正西），为白虎山，此外尚有天劫、地劫、刑劫等山，俱为本音凶位，山势需低缓。如此，整个墓地的前、后、右三个方位均需有与之相应的高大壮厚的山峰相连，而左侧则低缓以便水流所出。这样才能构成比较理想的角音大利向墓地的整体风水环境。

正如宋人赵彦卫《云麓漫钞》云："永安诸陵，皆东南地穹，西北地垂，东南有山，西北无山，角音所利如此。七陵[①]皆在嵩少之北，洛水之南，虽有冈阜，不甚高，互为形势。自永安县西坡上观安、昌、熙三陵，在平川，柏林如织，万安山

---

① 北宋皇陵习称为永安诸陵，实际应为永安（赵弘殷）、永昌（太祖）、永熙（太宗）、永定（真宗）、永昭（仁宗）、永厚（英宗）、永裕（神宗）、永泰（哲宗）八陵。

来朝，遥揖嵩少。三陵柏林相接，地平如掌，计一百一十三顷，方二十里云。今绍兴攒宫朝向，正与永安诸陵相似，盖取其协于音利。有上皇山新妇尖，隆祐攒宫正在其下。"[1]

大利向之外，较为重要的还有小利向之说（图4）。整体而言，小利向墓地改以壬位为尊穴，坐壬向丙（坐北偏西朝南偏东），传送、伏尸两山变为坐山，官国山成为案山，墓地的水流改为从墓穴右前方的勾陈山（坤位）流出，其余山势方位都与大利向相同。此外，还有自如向、粗通向、凶败向等，但均不在帝陵择地时考虑的范围内，兹不赘述。

其余商音、徵音、宫羽音姓利，选择地貌环境时的基本原则与角音相同，也是以前、后、右为利方，左侧为凶败。所不同者，商音大利向坐壬向丙（北偏西朝南偏东），故南为前、北为后、东为左、西为右；徵音大利向坐庚向甲（西偏南朝东偏北），故东为前、西为后、南为右、北为左；宫羽大利向坐甲向庚（东偏北朝西偏南），故西为前、东为后、北为右、南为左（图5）。与前后左右四方位相应的三十八从将山，则随之变换选择的方位，故而在现实的地理条件下形成了四种看似截然不同的风水环境。

---

① 〔南宋〕赵彦卫：《云麓漫钞》卷九，中华书局，1996年，第150页。

◆ 图4 角音小利向

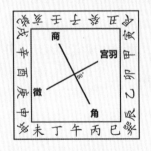

◆ 图5 五音方位

2.攒宫源流

那么，宝山诸陵既是遵循了北宋帝陵角音姓利原则修建而成，为何又改易"山陵"大礼，而仅称"攒宫"？

实际上，攒宫又称菆涂，《礼记·丧大记》载："君殡用輴，攒至于上，毕涂屋。"其下有郑玄注："攒，犹菆也。屋，殡上覆如屋者也。"[①]可知其为先秦以来儒家提倡的丧礼中重要的一环——殡殓的组成要素。

至唐代，继续在天子丧仪的殡殓阶段建造攒宫，并将其制度化："既大敛，内所由执龙輴右左綍，引梓宫就西间。……先以绣黼覆梓宫，又张帝三重，更以柏木，方尺，长六尺，题凑为四阿屋，以白泥四面涂之。攒事讫，所司设灵幄于攒宫东，东向，施几案服御如常仪。"[②]攒殡之后，复有启攒的环节，其后才是"出殡"和下葬。

宋承唐制，历位皇帝去世后，在下葬之前均建有攒宫，称为"殿攒"，以供殡礼之用，使用时间在五至六个月左右（表一）。

历位皇后在去世后，也同样建有攒宫，最终的启攒时间则随葬期而定，时间最长的是太宗明德李皇后，景德元年（1004）去世，同年攒殡沙台，景德三年（1006）十月才祔葬永熙陵。

---

① 〔清〕朱彬：《礼记训纂》，中华书局，2011年，第684页。
② 〔唐〕杜佑：《通典》卷第八十五"凶礼七"引"大唐元陵仪注"，第2307页（中华书局，1988年第1版，下同）。

期间朝廷上下多有争议，但太史局官员根据角音姓利的年月吉
凶，认为："缘今年岁在甲辰，不利动土，须俟丙午年十月方吉。
请止于今年闰九月二十二日，就西北壬地权攒。"① 于是明德
皇后也成为两宋帝后中，第一位因年月不吉而长时间攒殡者。

表一　北宋七帝攒、葬年月表②

帝	去世日期	殿攒	启攒	下葬
太祖	开宝九年十月二十日	（十月二十四日大敛成服）	太平兴国二年四月十日	四月二十五日葬于永昌陵
太宗	至道三年三月二十九日	四月六日	十月三日	十月十八日葬于永熙陵
真宗	乾兴元年二月十九日	三月四日	九月十八日	十月十三日葬于永定陵
仁宗	嘉祐八年三月二十九日	四月二十三日	九月十六日	十月十五日葬于永昭陵
英宗	治平四年正月八日	二月三日	七月二十六日	八月二十七日葬于永厚陵
神宗	元丰八年三月五日	三月二十二日	九月二十四日	十月二十四日葬于永裕陵
哲宗	元符三年正月十二日	二月五日	七月十一日	八月一日葬于永泰陵

① 《宋会要辑稿》礼三一，第1437页。

② 此表据《宋会要辑稿》礼二九 "历代大行丧礼" 制成。

3.南宋帝陵攒宫制度

至绍兴元年昭慈孟太后去世，"以遗诰择近地权殡，俟息兵归葬园陵。梓取周身，勿拘旧制，以为他日迁奉之便"①。此举即包含了两种制度——攒宫和陵寝。但此时的攒宫，已经不是原来意义上的"殿攒"，而更类似于明德李皇后的沙台攒宫。且明德皇后灵柩权攒沙台的目的，是待吉年吉月到来（"丙午年十月方吉"），再正式迁祔太宗永熙陵；昭慈太后也是希望待北复中原时，可以迁祔哲宗永泰陵。所不同者，明德皇后迁葬已经算定了明确的日期，故未将攒宫建成陵寝。而孟太后去世时，"俟息兵归葬园陵"还只能是一个不易实现的理想。孟太后灵柩自然不可能完全仿照明德皇后旧例，一殡数年以待天下一统的。所以，孟太后陵寝的建设从一开始便陷入一种不得已的矛盾状态。

在出现"攒"或"葬"矛盾的同时，如何葬又是一个迫在眉睫的实际问题。前文论及，北宋自永安陵以来，所有帝陵均是按照角音姓利法则进行营建的，而皇后基本则是以祔葬园陵的方式，按部就班地安葬于帝陵上宫的西北方向（图6），而无独立的陵名。孟太后为哲宗的皇后，此时永泰陵远在西京永安祖陵区，其灵柩实际上无陵可祔。所以，在为昭慈孟太后择

① 《宋史》卷一百二十三，第2874—2875页。

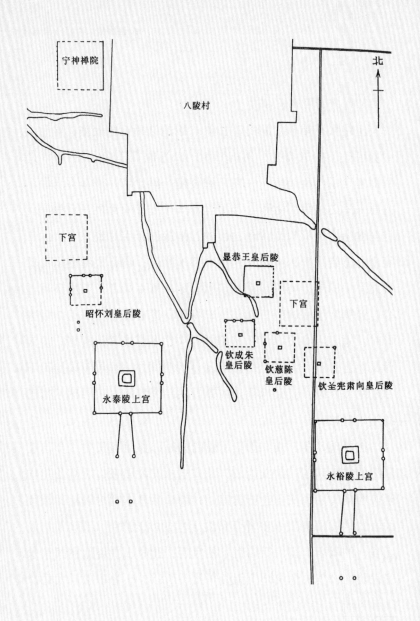

◆ 图6 北宋神宗永裕陵、哲宗永泰陵

定葬地时，太史局的官员们实际上是以为帝陵择址的方式，依照五音姓利法则实施的（见前述"五音姓利"引文）。而经过些许周折选定的宝山区域，基本可以满足其所追求的环境要素（图7）。

当然，即便高宗实际上以角音姓利的规则为孟太后择址并营建了独立的陵寝，依然不能在名义上将其与帝陵比肩。如此一来，昭慈陵寝无论称陵或称攒宫，俱无配套建立下宫的可能。而依北宋祖宗制度，陵寝平时的祭享守护，是在下宫完成的。为此，高宗又利用赐额功德坟寺的方式，解决了这个难题。

据《嘉泰会稽志》载："泰宁寺，在县东南四十里。周显德二年（955）建，初号化成院，又改为证道院。建中靖国元年（1101），太师陆佃既拜尚书左丞，请以为功德院，改赐名证慈。……绍兴初，诏卜昭慈圣献太后攒宫，遂以证慈视陵寺，而议者谓昭慈将归祔永泰陵，因赐名泰宁寺。其后永祐、永思、永阜、永崇四陵修奉，皆在其地，故泰宁益加崇葺云。"① 无论是否真如《嘉泰会稽志》所云，泰宁寺的得名源自于永泰陵，但泰宁寺在此后确实承担了昭慈攒宫日常祭享守护的职能。至营建永祐陵后，昭慈攒宫并入永祐陵攒宫司体系，泰宁寺依然作为陵区唯一的功德寺而延用至改造为永茂陵为止。

---

① 《嘉泰会稽志》卷第七，《宋元浙江方志集成》，杭州出版社，2009年，第1777页。

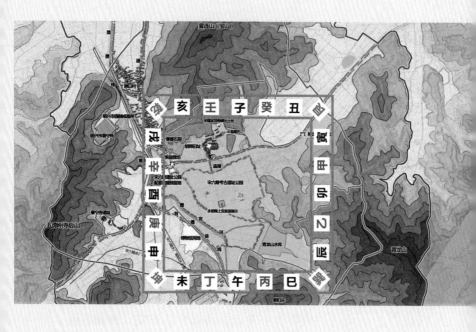

◆ 图7　宋六陵地形与罗盘方位图

绍兴十二年（1142），宋金和议达成，北归无望的宋高宗迎回了其父宋徽宗、徽宗显肃郑皇后、原康王妃邢氏（先后追谥懿节、宪节皇后）三人的灵柩。在维持有朝一日恢复中原的大义名分下，高宗延用祖宗故事，同样以角音姓利法则在孟太后攒宫附近择地安葬。在陵园布局上，继续沿用了北宋诸陵由东南向西北分建上、下宫的建筑格局。作为天子陵寝的攒宫即位于上宫之内，为皇陵择址的核心要素。下宫居墓地的西北方向，地势较低，基本符合角音西北长生位的标准，主体建筑为供奉真容像的神御殿，此外还有配殿及守陵廨舍等。而祔葬的皇后攒宫，限定在上、下宫之间上宫北侧偏西的范围，基本上符合五音姓利中贯鱼葬的原则[①]。

至此，以角音姓利为准则的南宋帝陵的攒宫体制基本确立，徽宗永祐陵也成为宝山陵区实际的祖陵。陵攒合一的制度，既体现了南宋王朝对继承北宋正统的标榜，也成为心向中原的士大夫群体挥之不去的心结[②]。加上南北方地理环境的巨大差异，南宋帝陵的攒宫制度在修建宁宗永茂陵时发生了重要的变革，两宋世代相承的国音姓利制度实际上走到了尽头。

---

① 详见刘未：《宋代皇陵布局与五音姓利说》，《浙江大学艺术与考古研究》第三辑（2018 年）。

② 〔宋〕魏了翁：《八月七日被命上会稽沿途所历拙于省记为韵语以记之舟中马上随得随书不复叙次》诗中有"周官虽有墓为尸，细考元非墓祭仪。九十年间仇未复，陵攒杂用最堪悲"，见四部丛刊《重校鹤山先生大全文集》卷十。

山中的杭州史

郑嘉励

江山湖海,是四大自然因素。钱塘江与西湖对杭州城市生成、发展的重要性,自不待言。

但从文物考古的角度,杭州的精华,首先在于山,毕竟江海流动不居,而几度夕阳,青山依旧,环湖诸山之中,有众多历史古迹存焉。

一

老和山遗址,位于老和山脚下的今浙江大学玉泉校区内。遗址发现于 1936 年初建造杭州第一公墓时,同年 5 月 31 日由吴越史地研究会和西湖博物馆进行了为时一天的清理,具体成果,不甚了了,但有个名叫施昕更的年轻人,在参加发掘工作后,深受鼓舞和启发,稍后在他的家乡发现了足以改写中华文明历史的良渚文化遗址。

1953 年浙江大学新校区建设,华东文物工作队会同浙江省博物馆（原西湖博物馆）和浙江省文物管理委员会开展了较大规模的抢救性发掘，除了发掘大量汉六朝至宋元时期的墓葬外，也出土数量不少新石器时代的陶器和石器。据参加发掘工作的牟永抗先生回忆，工作在三伏骄阳下进行，"既有马家浜文化的遗物，也有良渚文化和马桥文化的堆积"（牟永抗《关于良渚、马家浜考古的若干回忆——纪念马家浜文化发现四十周年》），这是新中国成立后浙江最早正式开展的考古工作之一，兴奋的年轻人有无穷的好奇心。

如今我们知道在距今四五千年以前，以余杭瓶窑"良渚古城"为中心的良渚古国，开创了辉煌的古文明，而在20多公里以外的今杭州主城区附近，大概只在老和山附近的古荡等零星地点存在边缘性的同期聚落。

也许可以把良渚古城视为杭州的前身，1977年苏秉琦在良渚说过一段高屋建瓴的话："我本来想说良渚是古杭州。你看这里地势比杭州高些，天目山余脉是它的天然屏障，苕溪是对外的重要通道。这里鱼肥稻香，是江南典型的鱼米之乡，杭州应该是从这里起步的，后来才逐渐向钱塘江口靠近，到西湖边就扎住了。"回顾40多年前的谈话，我由衷感佩苏公纵横捭阖的历史地理视野。在历史长河中，城市中心的发展确实是流动的。但如果缩小视野，就今日杭州主城区范围而言，那么，老和山脚下才算最早的杭州吧。

◆ 西湖全景，徐超摄

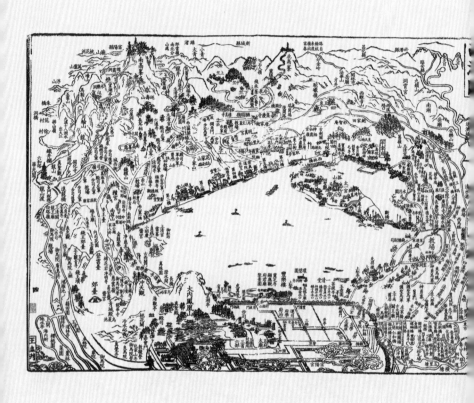

◆ 宋版《西湖图》重绘图，姜青青改绘

二

除去"最早的杭州"所在，老和山北麓也发现过杭州迄今为止最具规模的两汉墓地，有座西汉墓葬出土"朱乐昌"铜印，随葬品丰富，墓主人可能是个等级不低的武官（蒋缵初《杭州老和山遗址 1953 年第一次的发掘》；浙江省文物管理委员会《杭州古荡汉代朱乐昌墓清理简报》）。从老和山、玉泉、岳坟一带的汉六朝墓葬，并结合此前的先秦遗址，可以认定这里是杭州最早出现的中心聚落之一，有学者认为秦至西汉时期的钱唐县治"应在茅家埠（鸡笼山下）至灵隐寺，再沿灵峰山下顺东北方向由白乐桥至玉泉和浙大，然后沿浙大路南折入曙光路、西山路至西湖宾馆（即刘庄）一带范围之内。这里方圆数里，地势较平，水源丰富，三面环山，一面临水，确是人类繁衍生息的好地方"（林华东《钱唐故址考辨》）。

会稽郡钱唐县，是秦始皇统一六国后在境内推行的首批郡县，更是杭州的直接源头。秦代钱唐县治位于灵隐山一线，既有南朝钱唐县令刘道真《钱唐记》"县在灵隐山下，至今基址犹存"的文献记录，又有考古发现的佐证，也符合普通人的日常生活经验。今日之杭州城区曾为江海故道，邻近大江，地下水苦恶，唐代以前的江干滩涂平地不宜人居，只有高度适中的山麓台地，有山泉可饮，又不为洪水所淹，适合形成聚落，继而发展为县治级别的城市。

灵隐至岳坟一线的西湖北山就是这种好地方，除老和山遗址外，岳坟外宾馆工地（今杭州香格里拉饭店）据说也发现过史前至汉代遗物（王士伦《从出土文物看古代杭州文化》）。但从目前掌握的考古资料看，在商周时期，杭州只有零星且较低级别的遗迹和遗物，论社会发展的程度，依然落后于北部的余杭区，像余杭潘桥镇小古城遗址这种规格的马桥文化（约相当中原夏商时期）聚落，余杭区近十年内发现的较大规模的战国至西汉早期墓地，在杭州主城区迄今未见。

最靠近杭州主城区的先秦时期考古大发现，出现于半山一带。1990年，半山石塘村发掘出土的两座战国贵族墓是浙江省最大的先秦墓葬之一，其战国一号墓尽管被盗，依然出土有30多件珍贵文物，其中的水晶杯尤其神奇，堪称国宝。据发掘者推测，墓主人应是本地的"行政长官或军事首领"（杜正贤《钱塘故址新探》），很可能就是本地的县官，既然县官葬于半山，县治也应在附近。这是什么县呢？应该是楚国灭越后在钱塘江北岸设置的无名之"县"，作为楚国故县，为秦朝承袭并取名为钱唐县。这是考古工作者基于考古新发现的合理推测，至于秦置钱唐县治为何从半山迁移到灵隐山下，那就无法进一步揣测了。

三

据刘真道《钱唐记》载："防海大塘在（钱唐）县东一里许，郡议曹华信议立此塘，以防海水。"东汉有个名叫华信的人，在钱唐县东约一里左右的地方修筑过防御钱塘江的海塘。

华信立海塘，作为西湖以东至钱塘江之间陆地开发进程中的里程碑，是杭州城市发展史的大事件。华信海塘必在今城区范围内，主流观点认为即今杭州中山路。一里，约今四五百米，距离甚近。如果钱唐县治在西湖以西的灵隐山或老和山，到中山路的距离绝不止此数，所以，学界认为此时的钱唐县治已从灵隐迁到了宝石山东麓。宝石山东至中山路的距离，约一里许。

学者所据主要是"防海大塘在县东一里许"这句话。先由唐宋时期钱唐县治位于西湖东北的事实，推断钱唐县治先从灵隐迁至宝石山东麓，再以此推定华信海塘即今中山路，再以中山路反过来坐实县治在宝石山东麓。如果缺乏考古实证，在逻辑上，是个死循环，但它符合杭州城市发展的基本趋势和事实，因为隋唐钱唐县治确实在今宝石山东麓一带，由后代的事实，反推县治必曾有从山中搬出的过程，那次搬迁活动就发生在华信立海塘前后，逻辑自洽，合情合理。

宝石山东麓一带，今天是一马平川，历史上则多连绵起伏的山丘，杭州少年宫（即原昭庆寺）后到今省政府大院之间有一些小山，名叫弥陀山，旧称霍山，也称武林山（附近的杭城北门——武林门，由此得名）。霍山不高，但地位尊崇，号称杭城诸山之祖，东汉以后的钱唐县治即在此附近。

说来奇怪，四五百年的县治所在，竟然连一点重要的考古遗迹也无。据说，民国初，"宝石山畔有毁掘坟墓者，初为近人之墓，其下乃有宋人之墓，再下乃有晋人之墓，千百年间堆积如此"（钟毓龙《说杭州·说陆地》）。民间口碑中倒有许多线索，从弥陀山至六公园附近的都锦生织锦厂、望湖宾馆一带，历年来发现过东汉水井、汉晋砖瓦和青瓷器等文物（林盈盈、林华东《再论秦汉钱唐县故址地望》），但从未有科学的考古调查和发掘报告刊布，聊备一说而已，真相只能期待将来的地下发现了。

秦汉六朝时期的杭州，谭其骧《杭州都市发展之经过》称为"山中小县时代"。杭州早期历史可以视为一部山地聚落的变迁史，先是由北至南，从余杭到杭州，继而自西而东，从西湖以西的深山走向湖东的低山丘陵。

环湖诸山中，将台山顶的排衙石和飞来峰山顶的莲花峰，应该是分布有唐宋摩崖石刻最高的两个地点，因为前者邻近凤凰山的杭州唐宋衙署，后者的灵竺山水从晋唐以来就是佛教圣地和热门景区。至于其他更高更偏远的山峰，例如十里琅珰、石人岭、天门山等地，对唐宋时期的文人墨客而言，路途实在艰难，为白居易、苏东坡的足迹所未及。清代曾有一种说法，秦钱唐县治在粟山（石人岭），但那里山高路遥，在唐宋乃至近代，尚属荒僻，不宜人居，作为秦汉时期的县治是没有可能的。

四

隋唐五代时期的杭州，谭其骧称其为"江干大郡时代"。江干最重要的地点，曰柳浦。柳浦位于凤凰山下的钱塘江北岸，与对岸的西陵（今滨江西兴）隔江相望，是跨越钱塘江的津渡要地。

隋开皇九年（589），隋平陈后，废郡设州，杭州之名正式在历史上出现。两年后，在柳浦之西的凤凰山东麓建成州治。这座"周围九里"的小城，即隋唐五代至北宋的子城，后来的南宋皇城。

凤凰山之名，听着普通，其实是一座高峻的石灰岩质的山峰，论宜居程度，未必胜过宝石山东麓。依山建城，主要出于战略考虑，因为占据柳浦渡及其附近的制高点，就等于扼住了两浙之间的咽喉。

白居易《余杭形胜》诗云："余杭形胜四方无，州枕青山县枕湖。"唐代的杭州，南为江干凤凰山麓的州城（子城），北有宝石山麓的钱唐县城，浙江大学历史系陈志坚教授的著作《州枕青山县枕湖——杭州城址变迁史话》，以此句为书名，可谓醒豁。陈志坚说唐代的杭州是"州城"和"县城"两座小城并列的布局，上演一出"双城记"，直到长庆年间（821—824）白居易任杭州刺史时依然如此。陈志坚对南宋以前杭州城市历史的研究极其精彩，我于此一篇之中，三致意焉。

唐宋子城（南宋皇城）"周围九里"，规模不算小，千年以下，城墙、衙署、楼阁亭台，俱已无迹可寻，但馒头山一带尚有建筑基址埋于地下，杭州市文物考古研究所曾勘探到皇城遗址，保存尚可。子城最大的特征就是"依山筑城"，而凤凰山本是陡峭的山峰，山谷之间并无太多可供建设的平旷台地。2019 年，我到皇城西侧考察圣果寺（南宋改为殿前司，岩壁间留有宋高宗"忠实"摩崖）遗址考古工地，杭州市文物考古研究所孙媛领队在此已发掘一年有余，令人大开眼界——今天的地面很高，触手可及"忠实"摩崖和吴越国十八罗汉造像，而吴越国时期的寺院台基已在距今地面 5.72 米深的地下，隋唐时期的地面还埋在更深处呢。一千多年来，该地屡兴屡废，屡废屡兴，地面不断抬升，今天我们已经站在了比隋唐时期至少高出 6 米的地面上。

圣果寺遗址是凤凰山的一个缩影，我们有理由相信南宋皇城遗址的核心区，恐怕正是自隋文帝开皇九年（589）以来经过无数次的夯筑和兴废逐渐填筑、抬升起来的。凤凰山麓地表抬升的过程，就是杭州子城的发展过程。

今人不见唐宋子城、南宋皇城的盛况，终究令人遗憾，但南宋宫廷绘画也许可以部分满足我们的想象力。马远《踏歌图》画面中段的云雾深处，若隐若现的松林，掩映着宏伟的建筑群，云雾边缘的一堵城墙，美术史家一般认为是南宋皇城的某个场景。马麟《楼台夜月图》、马远《雕台望云图》等团扇小品，山石、楼阁、树木、空旷的天空，画家笔下的景物，可能也是南宋皇城的一角。

也许读者会说，南宋画家惯用"斧劈皴"技法表现的山峰，太过峻峭、奇崛、突兀，不像人们惯常想象中的江南秀丽山水。但如果我们取道八蟠岭，直趋山顶，一定会感慨凤凰山的峻峭，并折服于南宋画家在写实基础之上概括与升华的艺术表现力。

凤凰山是神奇的。浙南山区真实的大山，不如她灵动，浙北水乡雕琢的假山，不及她自然。如果说有不足之处，就是石灰岩山区，雨水多，云雾多，南渡的北方权贵不适应，把杭州说成"卑湿之地"，南宋皇子多夭折，据说与山中的潮湿环境有关。但凤凰山绝不卑矮，大凡研读南宋宫廷画并且实地攀登过凤凰山（凤山）、玉皇山（龙山）的人都知道，这是一组奇崛的山脉，夏圭、马远笔下的烟雾弥漫的山水景观，不正是湖山的写照么。

五

唐代南北双城之间的腹地，即今杭州主城区，由于远离山麓，迫近钱塘江，饮水很成问题。直到唐建中年间（780—783），刺史李泌开六井，导西湖水入城后，"自是民足于水，生齿日繁"。

公元893年，割据两浙的钱镠修筑大城（罗城），将子城、钱唐县城和"主城区"包罗在内。杭州筑城的过程，是先完成两头，再连接中间，故而呈现为南北两头粗、中间略细的腰鼓状，故称"腰鼓城"。910年，钱镠在东城墙外修筑起捍海塘，从此海潮不犯城内。经过钱氏吴越国近百年的经营，这座腰鼓城终于一跃而为"东南形胜第一州"，并在南宋临安城时期臻于鼎盛。

随着西湖以东的主城区人口日繁和高度发展，凤凰山在城市生活中的地位逐渐降低。元灭南宋后，拆毁城墙，皇城亦遭毁弃，元末重建杭州城时，竟将隋唐以来的政治中心凤凰山整体割弃于城外，沦为城市边缘。自五代吴越国以来，城区逐渐成为城市日常生活的中心，但由于"古今重叠型"城市的特性，唐宋以来的城市遗迹深埋地下，南宋临安城遗址普遍埋于距今地表2米以下的深处。在今天的主城区很难见到早期的古迹，真正的唐宋遗物，例如慈云岭、烟霞洞、石屋洞、九曜山的吴越国佛教造像，南屏山、飞来峰、排衙石的两宋摩崖题记，则深藏环湖诸山之中。

且往山中行，山中才有好风景。

六

自从凤凰山被割弃于城外，吴山遂为明清杭州城内唯一的山。吴山是篇大文章，这里只说瑞石洞的奇石，常来吴山的人，注定会喜欢此地的石头。

与凤凰山、飞来峰一样，吴山也是典型的石灰岩山体，陆游《西湖春游》"灵隐前，天竺后，鬼削神剜作岩岫"，张岱《西湖梦寻》形容飞来峰"棱层剔透，嵌空玲珑，是米颠袖中一块奇石"，同样可以用来描述吴山瑞石洞。不同的是，灵竺是唐宋的热门景区，而紫阳山（吴山的一部分）瑞石洞一带，邻近南宋太庙，是为朝廷禁地，宋宁宗朝权臣韩侂胄也曾在此附近建造阅古堂等私家府邸，一般平民想必无缘欣赏这里的奇峰异石。

宋元鼎革后，此地逐渐开放，周密《癸辛杂识》说他从青衣洞的阅古泉，走到瑞石洞，看过月波池、飞来石，天色向晚，据说山中有虎，就不敢继续向前走了。莫非宋元之交的吴山，果真荒凉如此？元代诗人萨都刺《游吴山紫阳庵》诗："天风吹我登鳌峰，大山小山石玲珑。赤霞日烘紫玛瑙，白露夜滴青芙蓉。

飘绡云起穿石屋，石上凉风吹紫竹。挂冠何日赋《归来》，煮茗篝灯洞中宿。"瑞石洞奇石已是官员、文人士大夫的赏玩对象，并已有"紫玛瑙""青芙蓉"等承袭至今的命名。

乾隆皇帝南巡，常来瑞石洞，并为"飞来石"题诗礼赞。我对瑞石洞的喜爱，不在灵隐飞来峰之下，因为这里的每一块奇石，翠壁、寿星、鳌峰、垂云、紫玛瑙、青芙蓉等等，均有贴切、典雅的命名，并在石头恰当的部位，镌刻上字体、大小、疏密、排布合宜的题名。题名与奇石，浑然一体，犹如《登徒子好色赋》形容佳人"增之一分则太长，减之一分则太短，著粉则太白，施朱则太赤"，是那种传说中的分寸感恰好的完美。

我极赞赏奇石和题名所共同创造的审美范式。但瑞石洞的奇石题名，并无落款，年代不详，杭州文史工作者多据萨都剌《游吴山紫阳庵》诗把这组石刻系于元代。但萨都剌的题诗与石刻的年代并非一回事：或许在萨都剌以前，这些石头已具美名；口耳相传的美名，并不一定非要题刻在石头上不可，犹如吴山十二生肖石，每块石头都有老杭州耳熟能详的名字，但至今也未将它们镌刻其上。

无法判断年代的文物，就谈不上研究，更无法写文章，我每次到瑞石洞，都心存歉意。明万历三十一年（1603）浙江布政使范涞撰《紫阳庵碑记》，记录瑞石洞附近紫阳庵及奇石的形态和空间关系甚详，在西湖历代记文中，描述景物很少有如此明确而具体的。范涞对瑞石洞的一草一木、一山一石，了然于心。后来我在丁丙《武林坊巷志》中读到一条材料，才恍然大悟，范涞非但做过这篇文章，而且他就是奇石题名的作者，据清人姚靖《西湖志》："万历三十一年，布政司史继宸、范涞建秀石堂、远览堂。……其山多胜迹，有采芝岩、栽药圃、涤凡池、寻真路、成道树、松关、补衣石、青芙蓉、归云洞、天籁谷、三台石、紫阳亭……瑞石洞、飞来石、龙窟、鳌峰、翡翠岩、垂云峰、月波池、蟾蜍石、蹲狮石、丹药灶、翠壁、迎真桥洞、朝元路、透天关诸胜。范公（范涞）悉为镌识，复撰《紫阳仙迹记》，绘其图景，并勒石于空翠亭中，并诸名人诗石在焉。"（丁丙《武林坊巷志·丰下坊三·紫阳庵》）这批奇石经其品题，名实之间的关系，就此固定下来，我们至今可以按图索骥，将名叫垂云峰、寿星石、橐驼峰的石头，逐一确指。奇石的定名，极形象；题名的书法，极宁静，体现了古人造景的匠心，赋予大自然以不朽的人文审美价值。

我之所以不厌其繁地描述吴山奇石，是因为环湖诸山在我国园林史上的特殊意义。宋徽宗在汴京建造的艮岳，模拟凤凰山；宋高宗退居临安城内的德寿宫，其园林则模拟灵隐飞来峰和冷泉溪。凤凰山、吴山、飞来峰，是宋代最重要的皇家园林师法造化的范本，恐怕也是奠定当时园林"叠山理水"审美范式的灵感源泉之一。

凤凰山圣果寺附近的月岩，中秋夜，圆月从奇石上空掠过，是南宋皇城内脍炙人口的赏月地点。明万历年间杭州才人高濂的《四时幽赏录·胜果寺月岩望月》是篇好文章：

> 胜（圣）果寺左，山有石壁削立，中穿一窦，圆若镜然。中秋月满，与隙相射，自窦中望之，光如合璧。秋时，当与诗朋酒友，赓和清赏，更听万壑江声，满空海色，自得一种世外玩月意味。左为故宋御教场，亲军护卫之所，大内要地，今作荒凉僻境矣！何如镜隙，阴晴常满，万古不亏，区区兴废，尽入此石目中，人世搬弄，窃为冷眼偷笑。

凤凰山，月岩，左瞰西湖，右览钱江，奇石嶙峋，江潮起落，万壑松涛，中秋之夜，与三二诗朋酒友，赓和清赏，南宋的大内要地，今日之荒凉僻境。无限风光，不胜唏嘘。

环湖诸山，是士大夫向往的地方，也是杭城普通民众归去的方向。明万历《杭州府志》卷十九《风俗》谓杭州南北二山是"百万居民坟墓之所在"。坟墓为考古工作者所关注，却并不为人喜闻乐见，故而点到为止，但环湖诸山与杭州市民生活和情感的紧密连接，是可以想见的事实。

环湖诸山对于杭州古代城市和文化的发展，具有多重的历史、人文、艺术审美的价值。我说，杭州的精华在山，不亦宜乎！

宋高宗的神仙朋友：杭州三茅宁寿观与通玄观

吴铮强

一、宁寿观与通玄观

　　学界对于杭州三茅宁寿观与通玄观有不少专题讨论。两观都在吴山的七宝山上，都与内侍刘敖有密切关系，汪圣铎先生猜测"或是将宁寿观扩建为通玄观"（《宋代政教关系研究》，224页）。其实三茅宁寿观在七宝山之巅，通玄观在七宝山东麓，今天杭州仍有两观的遗迹。为配合吴山景区三期整治工程，杭州市文物考古研究所曾于2008年对三茅宁寿观遗址进行考古清理，现今有一院子作为三茅宁寿观遗址景点向游客开放，真正的宋代文物"宋三茅宁寿观尚书省牒碑"摩崖就在不远处。通玄观遗址则在太庙巷7号紫阳小学内，著名的通玄观道教造像是浙江省重点文物保护单位。

　　关于这两座道观的来历，相关的文献记载并不算少，但有些重要问题并没有讨论清楚。现在有关高宗敕建宁寿观的最重要记载是陆游的《行在宁寿观碑》，这篇文献透露的信息十分

◆ 杭州吴山宋三茅宁寿观尚书省牒碑

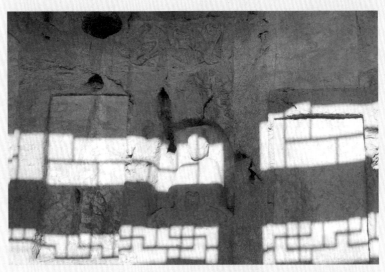

◆ 杭州通玄观造像刘敖像

丰富。陆游称，因为杭州原来有一个三茅堂，高宗为传承北宋真宗以来的道教传统，所以"赐宁寿观为额"，还任命道士蔡大象、蒙守亮与刘敖来管理该道观——这可能只是表面文章。据刘敖的《创建通玄观碑》，通玄观是因刘敖修道志诚，向宋高宗请求弃官出家而修建的——这恐怕也是掩饰之辞。

二、忆昔长江阻飓风

研究者注意到，宁寿观、通玄观的规格与刘敖的地位都极高。宁寿观收藏七宝即"鸿钟大鼎，华盖宝剑，褚遂良、吴道子之遗迹，卓乎秘府之怪珍也"，所在小山因此称七宝山。刘敖的署衔是"左右街大都道录、少师、赐紫衣真人"，汪圣铎认为刘敖封官少师"是令人怀疑的，因为给道士加授少师这样的世俗高官宋代从未见到"。汪圣铎还注意到通玄观题刻中还有宋高宗赐给刘敖的御制诗，但又说"诗中除赞扬刘敖一心向道外，也顺带赞扬了茅君。但却没有更多地涉及道教。所以，宋高宗与刘敖的交往，对政教关系的影响很是有限"。

其实刘敖的"少师"官衔及御制诗足以说明通玄观对于宋高宗意义重大，不应轻易放过。谢一峰的博士论文注意到通玄观与御制诗出现于绍兴三十年（1160）前后，时值完颜亮侵宋，因此认为"忆昔长江阻飓风，于今神马又成龙。炎兴指日中原复，剩是茅君翊翼功"的诗句显示出这时宋高宗非同寻常的政治立场：

> 在高宗赐予刘能真的这首七言绝句中，我们看到的却并非屈己求和之声，而是一种坚定的"战意"。又将此诗与前述之通元观的建成时间相系，则已非常明显地指向高宗末年宋金和战进程中的一次重大转折——即是金正隆六年、宋绍兴三十一年（1161）海陵王完颜亮的南侵。

谢一峰注意到完颜亮侵宋的历史背景其实非常重要，但以此解释御制诗未必准确，至少没有关照到诗中"忆昔"及"茅君翊翼功"的说法。事实上绍兴三十年前后的宋高宗早已丧失了收复中原的雄心，但将宋高宗的三茅真君崇拜与金军南侵联系起来应该是有道理的，因为陆游的《行在宁寿观碑》中也有"扶卫社稷，安镇夷夏"的说法。而高宗赐封宁寿观是在绍兴二十年（1150），此前一年完颜亮弑金主亶自立，当年有施全刺秦桧未成及完颜亮大杀宗室的事件。联系到宁寿、通玄两观都是在完颜亮妄言的"提兵百万西湖上，立马吴山第一峰"之上，就更有理由把完颜亮南侵与吴山上的奉祀三茅真君的道观联系起来。

但三茅真君与金军南侵如何联系起来呢，这就需要从御制诗提及的时间点去理解了。"忆昔长江阻飓风，于今神马又成龙"，

◆ 杭州"吴山第一峰"摩崖

"长江阻飓风"是高宗"忆昔"的情景，应该是年代久远而且高宗亲历的事件，而不是指通玄观兴建时的完颜亮南侵及败亡事件。那么高宗在追忆什么呢？御制诗共有三首，其中第一首似乎是在称赞刘敖诚心修道，但最后一句指出了一个更加具体的时间点——"辛勤三十载，羡尔道心淳"。此语应该是高宗向刘敖感叹自己辛勤三十载所得成就，还不如刘敖弃家修道令人羡慕，这一方面联想到可能高宗在完颜亮侵宋失败后开始考虑退位，另一方面也说明他与刘敖可能已经相识、交往三十年之久。

那么三十年前究竟发生了什么呢？三十年前其实是建炎三年（1129）高宗从扬州仓皇渡江逃往镇江的时候。从这个时间点来理解"忆昔长江阻飓风，于今神马又成龙"，就是指当年金人抵达扬州后无以渡江，"炎兴指日中原复，剩是茅君翊翼功"当指这一年高宗还曾驻跸江宁做出北伐的姿态。

三、左右虚皇友三真

"忆昔长江阻飓风"能与刘敖、通玄观、三茅真君发生什么关系呢？这个问题的答案其实就写在陆游的《行在宁寿观碑》中：

鸿钟大鼎，华盖宝剑，褚遂良、吴道子之遗迹，卓乎秘府之怪珍也。荣光异气，夜烛天半，所以扶卫社稷，安镇夷夏者，于是乎在，非他宫馆坛宇可得而比。永惟我高宗皇帝，实与三茅君，自浑沌溟涬开辟之初，赤明龙汉浩劫之前，俱以愿力，应世济民。虽时有古今，迹有显晦，其受命上帝以福天下，则合若符券。及夫风御上宾，威神在天，与三十六帝翱翔太虚，三茅君亦与焉。时临熙坛，顾享明荐，用敷佑于我圣子神孙，降福发祥，时万时亿，呜呼休哉！某既述观之所由兴，且系之以铭，曰：

炎祚中否开真人，以大誓愿济下民，左右虚皇友三真，坐令化国风俗淳。乃营斯宫示宿因，丹碧炭業天与邻，神君龙虎呵重闉，鲸钟横撞震无垠，锦旛宝盖高嶙峋，天华龙烛昼夜陈。历载九九符尧仁，超然脱屣侍帝晨，遗泽渗漉万宇均，岁丰兵偃无吟呻。咨尔众士严冠巾，以道之真治子身，服膺圣训常如新，冲霄往从龙车尘。

陆游说宁寿观中藏有"鸿钟大鼎，华盖宝剑，褚遂良、吴道子之遗迹，卓乎秘府之怪珍也"，是因为这座宫观可以"扶卫社稷，安镇夷夏"，"非他宫馆坛宇可得而比"。但为什么宁寿观会有此奇功呢？陆游下一句就给出了非常惊人的解释，他说宋高宗"左右虚皇友三真"，与三茅真君其实是仙侣道友的

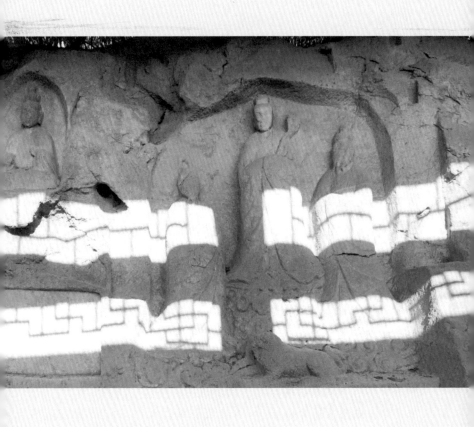

◆ 杭州通玄观造像三茅真君像

关系，他们在宇宙初开时就已经立下了"应世济民"的宏愿，宋高宗未下凡时在天界一同"翱翔太虚"的"三十六帝"中就有三茅真君。铭文中还有"乃营斯宫示宿因"一句，意思是宁寿观或通玄观的主要功能就是为了宣示高宗与三茅真君作为仙侣道友的前世因缘。

如果高宗的三茅真君崇拜与建炎三年的扬州渡江有关，那么合理的解释就是他渡江后又从镇江行至常州，途中理应经过茅山并向三茅真君祈祷。联想到杭州的半山娘娘庙、崔府君庙都与高宗逃亡有关，可以想象高宗曾在杭州为佑护他逃亡的神明与凡人建庙以感恩祈祷，这就为宁寿观与通玄观的来历提供了合理的解释。至于内侍刘敖，很可能是建炎三年在茅山附近遇见从镇江逃亡常州的高宗，因在战乱中走投无路而选择净身入宫。

四、《行在宁寿观碑》

以上一系列猜想，似乎可以解释杭州三茅宁寿观与通玄观的来历以及高宗的御制诗、刘敖的飞黄腾达、陆游的碑记。同样重要的是，虽然经过了靖康之难，在复杂的政局演变中高宗也已宣称"最爱元祐"而彻底否定了徽宗朝的政治路线，但陆游的《行在宁寿观碑》显示高宗并没有放弃其父徽宗的神仙皇

◆ 茅山崇禧万寿宫

帝的思想。只是由于政治文化的变迁，高宗不敢将这种思想大肆宣扬，只能通过一位内侍来构建自己的神仙身份。

另一个应该特别引起注意的是，陆游的《行在宁寿观碑》并非一篇游记，而是"知观事冲素大师邵君道俊始奇石来请某为文"。陆游当时并不在杭州，他与宁寿观、通玄观似乎没有特别的关系。只是因为陆游是高宗朝的进士，有责任为高宗撰写这篇观碑，"某实绍兴朝士，屡得对行殿，同时廷臣，零落殆尽，某适后死，获以草野之文，登载盛事，顾不幸欤"。问题是冲素大师邵道俊请陆游撰写碑文的时间点非常特殊，那是绍熙五年（1194）六月——这时孝宗刚刚去世，朝中正在经历光宗拒绝为孝宗主丧的重大政治危机，同时也是宗室大臣赵汝愚策划"绍熙政变"的前夕。

从南屏山到烟霞三洞——北宋西湖旅游新路线

魏祝挺

唐代以来，历任杭州地方官最喜爱的城外游览地，莫过于西湖孤山以西，至武林山下的天竺和灵隐两寺了。"最爱湖东行不足""山寺月中寻桂子"，这条西湖北线景观的生成，大致就在白居易所处的中唐时代。天竺寺后题咏遍布，灵隐寺前亭如指列，皆是当时唐代历任州官所为。因与本书无关，就不赘述了。

本文要介绍的是，两百多年之后北宋杭州官员的一条旅游新路线。当时杭州的地方官员，主要有两浙路转运使、杭州知州、杭州通判等，他们都是来自外乡的文人士大夫。早在北宋咸平年间（998—1003），大词人柳永就为两浙路转运使孙何写下了名篇《望海潮·东南形胜》，其中"千骑拥高牙，乘醉听箫鼓，吟赏烟霞"之句，描述的就是孙何治理杭州、畅游西湖的场景。而其中"有三秋桂子，十里荷花"之句，更是引得东京开封的中央官员们心驰神往，梦想着有朝一日能外放到"地有湖山美，东南第一州"的杭州来。

在一波又一波，如走马灯轮换的杭州地方官里，不乏独具慧眼，善于创新的旅游爱好者。他们发现了一条位于西湖南山的崭新旅游线路，大致从西湖雷峰塔下的南屏山兴教寺至烟霞三洞为止。当然，这条西湖南线的出现，也要归功于历代吴越国王，正是他们对西湖南山的不断开发，使得吴越国都西关门外的寺院星罗棋布，才有了北宋时南山旅游的兴盛。

一、南屏山

首先热门起来的是南屏山兴教寺（后身即清代闻名天下的小有天园）。兴教寺建于吴越开宝五年（972），与斜对面的雷峰塔（当时称"西关砖塔"）同时动工。寺内有大佛殿、五百罗汉殿、十六罗汉殿等，在南山寺院中，本来倒也不算突出，但兴教寺的放生池可是鼎鼎大名，池中有当时刚刚引种培育的金银鲫鱼。金鲫鱼红灿若金，银鲫鱼雪白如银，在宋人眼里，那真是珍奇之物。日本延历寺高僧成寻巡礼中土，于熙宁五年（1072）四月二十九日访问杭州兴教寺。他在日记中特别写到，兴教寺"有方池，有黄金白银鱼出游"。苏东坡再度任官杭州时（1089—1091），重访老友兴教寺梵臻禅师，他题诗道："我识南屏金鲫鱼，重来拊槛散斋余。"见到阔别十几年的金鲫鱼，他如老友重逢，投食喂鱼，兴致益然。

兴教寺不仅有金鱼池，还有南屏山。《咸淳临安志》记载："南屏山，在兴教寺后，怪石耸秀，中穿一洞，上有石壁，若屏障然。"怪石嶙峋，有穿岩探洞之趣，不亚于天竺寺后山的香林诸洞。再往上走，有一天然平台，能北望西湖与北山胜景。南宋时大诗人杨万里曾于兴教寺清旷楼赏景，有诗云："清旷楼中夕眺闲，落晖残雨两生寒。楼中占尽南山了，更占西湖与北山。"下观金鱼，中游怪石，上览西湖，一寺三景，这就是兴教寺的迷人之处。

如此胜景，怎能不引得喜好游山玩水的北宋杭州官员们纷至沓来。首先前来的是，康定元年（1040）的某位到访者，但其名字已经不可考，南屏山望湖亭平台现存"……康定元年岁次庚辰"的字样。

康定二年（1041）的杭州知州张若谷和两浙路转运使张从革，这两位杭州最高级别的官员，于暮春之际游山而来，宴饮欢坐，对望西湖，至晚方归。于望湖亭平台崖壁，两人留题"龙图阁学士刑部侍郎知府事张若谷、两浙路体访安抚三司度支判官税课转运使司勋郎中张从革，康定辛巳（1041）暮春二十三日，游晏此山，尽日而去"。次月，张若谷和张从革就相继调任。南屏山之游，应是他们在西湖的美好记忆。

当年年底改元庆历，新任的杭州知州郑戬、两浙路转运使李定、吕觉，以及到访的京官钱仙芝、蔡襄，也慕名而来，游赏兴教寺，并爬上南屏山，留题于前任郡守之侧："资政殿学士谏议大夫知军州事原武郑戬天休、转运使尚书兵部员外郎陇西李定子山、转运使尚书□部员外郎东平吕觉秀民、尚书祠部郎中集贤校理彭城钱仙芝绮翁、著作佐郎馆阁校勘莆阳蔡襄君谟。庆历元年辛巳（1041）十二月十日题。"蔡襄彼时才30岁，年龄最小又是客人，但他书法出名，后为"宋四家"之一，当仁不让书写此刻。二十多年后，他也出任了杭州知州，彼时他再上南屏山，拂拭这一青春时代的题刻，应充满回忆之情。

紧接着，仅仅过了一个月，知州郑戬的儿子郑民彝就带着自己的弟弟和朋友们，追随父辈的足迹，也"打卡"此地，于望湖亭平台留题："郑民彝德常、弟民□先觉、民度仲详、陈浚□叔、徐待用用之、上官拯并济、黄应叔和。庆历二年壬午（1042）正月十九日游此。"

又过了半年，杭州地方官苏温雅和苏舜钦等也前来，留题此平台："苏温雅、舜钦、杨混。庆历二年八月六日倩仲题。"

自康定元年暮春三月到庆历二年八月的这两年多里，至少五批杭州地方官员及其子弟，纷至沓来，游赏兴教寺，登临南屏山。这么短的时间，这么密集的频率。笔者认为，可能是因为兴教寺的金鲫鱼此时刚刚培育出来，引得一众官宦士人纷至沓来，同时也发现了南屏山的景色之胜，引发了短暂的"南屏山热潮"。

二、烟霞三洞

出雷峰塔下西关门，过净慈寺、兴教寺，在赤山左转，翻越钱粮司岭，即到达一个三岔路口。沿路往前，是开化寺六和塔所在的钱塘江边；右转沿山道上山，则是石屋岭和烟霞岭，即是后世的满觉陇。

石屋岭和烟霞岭开发于五代吴越国时期。先入石屋岭，沿路第一处景，名为石屋洞，钱弘佐至钱弘俶时期，开凿了数百尊罗汉及佛菩萨像。《咸淳临安志》描述石屋洞，"极高，状似屋，周回镌罗汉五百十六身，中间凿释迦佛、诸菩萨像。直下入洞，极底有泉"。洞前有石屋保安禅院，开运元年（944）钱弘佐建。直至20世纪初，石屋洞的吴越时期造像尚有数百尊，气势磅礴。

出石屋岭，即是烟霞岭，路口有水乐洞。《咸淳临安志》描述水乐洞，"四望林峦耸秀，岩石礧峗，有洞虚窈，渟涵如渊，泉味清甘与龙井埒，洞中有水声如金石"。洞前有西关净化院，开运三年（946）钱弘佐建。如今的水乐洞，依旧是一处清幽的园林小景，涉溪探洞，独擅林泉之胜。

沿路上山，烟霞岭上有烟霞洞。《咸淳临安志》描述烟霞洞，"其洞极大，乃诸洞之首"、"大如屋，窈深莫见其极"。洞内"有石刻罗汉六尊，钱氏别刻十二尊"，合计罗汉十八尊。

洞边有象鼻岩，洞上有佛手岩，"有岩曰象鼻，有石垂下若手曰佛手岩"，均为奇景。洞前有烟霞院，广顺三年（953）钱弘俶建。如今的烟霞洞，依然留存有吴越时期造像十余尊，雕刻精美，堪称艺术珍品。

历代吴越国王，将石屋、烟霞岭诸寺塑造成了佛国圣地。保安院内，舍钱镌刻瑞像，可保佑身家平安，追荐亲人亡魂。净化院边，火光熊熊，阇维荼毗，不论僧俗男女，皆可净化超生。烟霞院后，三世佛前，十八罗汉分列，清净庄严，为禅门清修之地。如今石屋洞内的《新建瑞像保安禅院记》（944），水乐洞外的《西关净化禅院新建之记》（946），依旧清晰可读，见证了那段东南佛国的岁月。

自太平兴国三年（978），吴越国王钱弘俶纳土归宋以来，西关净化院渐遭废弃，阇维之事不再。石屋和烟霞两院，逐渐也成为普通山间寺院。而烟霞三洞独特的山间雅趣，却从此被杭州官员们重新发现。

熙宁二年（1069）十二月，杭州知州郑獬，携友入山，于废弃已久的西关净化院遗址，发现了窈深的溶洞，泉水清冽，水声铿锵如金石，遂名之为"水乐洞"，并留题"熙宁二年十二月，翰林郑公与诸□寻山至此，□□久之。遂命曰水乐洞。南舒□夫题"。这一方题刻如今尚存水乐洞口，见证着北宋杭州官员访景题名的情景。

苏轼和白居易一样，最爱西湖孤山至灵隐的北山线路，他曾写道："溪山处处皆可庐，最爱灵隐飞来孤。"但他又岂能错过这一西湖南线的新发现。熙宁六年（1073），早已听闻前任知州有如此发现的杭州知州陈襄、杭州通判苏轼，两位合作无间的地方官，也一同携到访杭州的苏颂、孙奕等，慕名来游烟霞三洞。他们于石屋洞留题"陈襄、苏颂、孙奕、黄颢、曾孝章、苏轼同游。熙宁六年二月二十一日"。由于元祐党禁对苏轼题游的破坏，陈襄、苏轼这一次游览，是否也在水乐洞和烟霞洞题游，已经很难考证。但苏东坡有咏水乐洞诗："流泉无弦石无窍，强名水乐人人笑。"明代《西湖游览志》载，明嘉靖时烟霞洞"东坡留题尚存"。可证苏轼也曾到访烟霞三洞，并留题赋诗。

而最为激赏烟霞三洞风景的，莫过于这一时期的两浙转运使王廷老。在陈襄、苏轼游览之后，熙宁六年七月，王廷老携部属和友人，游览烟霞岭诸洞，并分别于石屋洞、水乐洞、烟霞洞留题。石屋洞有"睢阳王廷老伯敫、钱塘吴君平常甫、大名王颐正甫、昭武上官垲彦明、临川王安上纯甫，同游。熙宁癸丑（1073）七月己未"。水乐洞有"睢阳王廷老伯敫、钱塘吴君平常甫、大名王颐正甫、昭武上官垲彦明、临川王安上纯甫，同游。癸丑七月己未"。烟霞洞佛手岩有"睢阳王廷老伯敫、钱塘吴君平常甫、大名王颐正甫、昭武上官垲彦明、临川王安上纯甫，同游"。佛手岩处虽无年月，但从同游者名单，可证为同一日所题。王安上是当朝宰相王安石的亲弟弟，时为两浙路属官。有意思的是，杭州刺史陈襄、杭州通判苏轼与两浙转运使王廷老虽然同时同地为官，但州衙和转运使衙的游玩朋友圈，却互不相干。

两年之后的熙宁八年（1075）四月二十日，王廷老再携友访烟霞三洞，路线一样，景色依旧。于石屋洞，他留题："睢阳王廷老伯敫、钱塘吴君平常父、孙迪彦诚、胡志忠仲举、郭附明仲、张靓子明。熙宁八年四月廿日同游石屋洞□□□。"相比两年前的团队，只有王廷老和吴君平是故地重游。水乐洞则未见这一次题游。在烟霞洞佛手岩，王廷老在自己上一次的题刻左下角，追加了小字："后二年，伯敫与常父、彦诚、仲举、明仲、子明同来。"

三天之后的熙宁八年四月二十三日，还是王廷老及张靓、孙迪、吴君平、胡志忠、郭附这六人，他们趁着初夏，再次出游南山。先游久负盛名的南屏山兴教寺，留题"王廷老伯敫、张靓子明、孙迪彦诚、胡志忠仲举、吴君平常甫、郭附明仲。熙宁八年四月廿三日同游南屏兴教寺"。下山之后，六人意犹未尽，相约再游烟霞岭。过石屋洞、水乐洞，上烟霞洞，六人于佛手岩第三度留题"王廷老伯敫、张靓子明、孙迪彦诚、吴君平常甫、胡志忠仲举、郭附明仲。熙宁八年四月廿三日，自兴教院游烟霞洞，观佛手、落石二岩"。落石岩，在佛手岩之侧，亦为奇石。

除此之外，这一时期游览烟霞岭的杭州地方官还有熙宁七年（1074）的鲁有开，他于佛手岩留题"兖国鲁有开元翰，熙宁甲寅十月廿五日游佛手岩"。

自熙宁二年，杭州知州郑獬探访烟霞岭，命名水乐洞以来，六年之间，烟霞三洞成为杭州地方官员最热衷的"打卡"胜地。郑獬、陈襄、苏轼、王廷老等乐游于此，尤其是王廷老，成为烟霞三洞最大的"粉丝"，三度到访，七次题游，堪为美谈。

从南屏山到烟霞岭的北宋题游摩崖，堪称是北宋时期杭州地方官对西湖景观的新探索和发现。不同于唐代杭州官员热衷的西湖北山至天竺灵隐一线，北宋杭州官员开拓了西湖南山的游览线路。康定庆历年间（1040—1048）的南屏山兴教寺，熙宁年间（1068—1077）的烟霞三洞，均是当时杭州现象级的旅游热点。从兴教寺的凭栏赏鱼、穿岩登高，再到烟霞三洞的幽邃野趣、远观江湖，西湖南线的魅力逐渐展露。王廷老最后一次的游览路线，"自兴教院游烟霞洞"，更是直接串联起了这两个景区，可称为"西湖南线一日游"的经典案例。

历经千年，如今的兴教寺已经不存，旧址在军事禁区之内，较难寻访。烟霞三洞仍在，石屋岭、烟霞岭如今以桂花闻名，成为杭州西湖新十景"满陇桂雨"。不知今天的西湖爱好者们，是否也想重走一下这条北宋的网红游览线路？

城市景观与文人雅趣：南宋临安的杏花

马强才

　　长期的教育和阅读，悄然改变着我们对空间乃至世界的认知，即便身处异乡，文化建构产生的熟悉感，能轻易令内心放下那份乡愁。杭州主城区及其周边诸如临安、桐庐、建德和德清等地名，都是书本上经常碰到的名词，有一种早已培养起来的亲近。怀揣着多年积累的知识，日常行走在这座城市，总会让我像着了魔一般地模糊时空。遂有计划地跟着名人足迹访古一番，碰到名胜古迹，游览时多会变成考索古事，免不了想要跨越古今，勘察一下某些地点，甚至每到一地就想访问那些曾经留下名篇佳制的地方。毕竟只有重踏同一条河流，方能感知同样的水文温凉，进而理解诗人们的内心思想。数年下来，白居易、林逋、王安石、苏轼、姜夔和章太炎等人曾经登临之地，笔者大多曾到现场感受一番。这其中，包括游访今拱墅区孩儿巷 98 号的陆游纪念馆。

　　那是六月一个雨天下午，陪着家中的老人，初次踏访纪念馆。馆中主体建筑，为一座晚清杭城民居，一共三进小院，安静坐

◆ 陆游纪念馆，孩儿巷98号

落于闹市之间。没有复杂的雕梁画栋，裸露的木头构件显出年代沧桑，呈现平易近人的气质。雨滴从天上落下，由青瓦汇成檐流，坠落在带有绿苔的天井石板上，激起的响声在绝少游客的院子回响着，意味幽静。情景牵引，心头闪过大学课堂上跟学生分享的那首《临安春雨初霁》。继续游览，见到馆中墙壁上恰好张贴有此诗，更令我驻足吟哦。

大巴山深麓里的老家院坝头有一棵大杏树，树干粗壮，需两人合抱，枝杈遒劲伸向碧空，春暖花开恰似粉霞横空，说不出的艳丽妩媚。很多年以后，这也成为我故乡记忆之一，故而对"杏花"一词比较敏感。来杭州将近十年，年年赏梅观荷、攀桂折柳，春天夭桃、樱花，夏日萱草、凌霄，秋时桂花、菊花，冬季腊梅、山茶，却没有碰到过杏花。读到陆游此诗，忽闪过一些疑惑：杭州有杏花吗？陆游为何要提及杏花呢？时人如何欣赏杏花？

这首诗作见《剑南诗稿》卷十七，宋元之际的方回以为写于淳熙十三年（1186），接近历史事实。诗人时年六十二岁，于山阴赋闲家居了五年后，奉诏入京，被授官严州知州。赴任之先，需觐见孝宗皇帝谢恩。从诗中自述来看，等待传呼的陆游，居住临安城中一"小楼"之中，经过多年人生起伏，感受"世味""薄似纱"，内心跌宕起伏、五味杂陈，以致整宿都在听"春雨"。伤怀郁闷往往令人多感，诗人耳朵变得较为聪敏。到了早上，天晴放明，恰好"深巷"之中有人吆喝售卖"杏花"。刘克庄以为此诗为放翁"少时调官临安得句"，"传入禁中思陵称赏，由是知名"。他所记故事虽然不可靠，却从侧面说明南宋后期，此诗颇为出名，吸引着评论者的兴趣。

陆诗言旅店能听到卖花声，说明地点靠近当时的"花市"。就南宋临安两《志》所载，今天的陆游纪念馆，处于那时的清远桥巷、灯芯巷、官巷（今称观巷）和竹竿巷之间，划属右二厢，离南面的宫城五华里多，步行时间约半个小时。这四个街巷之名沿用至今。《咸淳临安志》说"寿安坊内，俗呼官巷"，为"花市"所在，诗中"深巷"当指此坊之内。从文献记载来看，高宗驻跸临安之先，此地已有卖花人聚集。《嘉靖仁和县志》即称宋高宗来杭，"见官巷多卖杂色名花"，有似西京洛阳寿安山下"名园相望，多植名花"，"故改其坊为寿安坊"。变更街道命名，寄托着宋高宗北方故土之思。就此而言，陆游当时旅居竹竿巷与官巷之间，与今日纪念馆所在位置应该较为接近。此外，当时杭州还有"花团"，也有鲜花售卖，在城南"冠巷口"与"钱塘门里"。随着城市发展，临安花市逐步转移到马塍。据《江湖小集》中李鼐《马塍卖花者》（集句诗）、许棐《马塍种花翁》两诗，知城西郊区马塍一带多有花圃。宋元之际，宋无有《马塍》一诗，称"至今耕种地，一半作花园（《两宋名贤小集》之《翠寒集》）"。宋人董嗣杲《西湖百咏》有《东西马塍》，明人陈赟和韵称"几阵廉纤红杏雨，数番淡荡碧桃风"，证明当时此地花市兴盛，亦有杏花可赏。

南宋临安城中种有"杏花"。《乾道临安志》所载杭州物产，列"果"二十四种，其中有杏、梅、桃和李等，以及牡丹、芍药、海棠、碧桃、山茶和蔷薇等"花"四十四种，品种繁多，四时齐备。陆游此次旅居今孩儿巷一带，于延和殿拜见皇帝之后，曾流连城中赏玩，看到杏花盛开，作《小舟过御园》诗二首记录游踪，第二首开篇即言"水殿西头起砌台，绿杨闹处杏花开"。诗题所谓"御园"，据周密《武林旧事》"南有聚景、真珠、南屏，北有集芳、延祥、玉壶"，再联系诗中提及的"水殿"，当指聚景园，内中种植杏花。据《梦粱录》所言，当时临安涌金门外的柳浪桥和学士桥旁，属孝宗所筑聚景园，陆游曾游赏。这说明今日柳浪闻莺附近栽种有杏花作为点缀，即聚景园中有"杏花园"景观。值得留意的是陆游此诗首句言"圣主忧民罢露台，春风别苑昼常开"，似乎该园平时开放游览。后来宋宁宗为了表示自己励精图治，废弃多处园亭，至《咸淳临安志》所载已"岁久芜圮"。七八十年间，君主爱好变迁，城市景观改换。

南宋时代杭州可赏杏花的地方还有几处，多跟赵宋皇室有关：（1）《武林旧事》称南宋时代"禁中赏花"，有"梅堂赏梅，芳春堂赏杏花，桃源观桃，粲锦堂金林檎，照妆亭海棠"。为了皇帝欣赏，宫中专门修葺相应建筑，说明朝中郑重其事。

（2）该书又说雷峰东边真珠园内有"杏堂"，城东有"杏花村"。

（3）在天水院桥有北园，总名桂隐园，为"福王府园"，内有"杏花庄"（《民国杭州府志》卷二十九引《桂隐百课》）。

（4）据杨万里淳熙十五年（1188）《连日二相过史局不到省中后园杏花开尽》诗，当时朝廷秘书省后园有杏花。这些栽有杏花的地点，或为皇帝御园，或为亲王府邸，或为朝中馆舍，似乎表明当时杏花的欣赏主体多为北方之人。唐代诗人贾岛曾言"花发新移树，心知故园春"，为了寄托乡愁而移种故土花草树木，或许西北之人看到杭城的杏花盛开，也会引起内心的乡愁吧。此外，南宋临安有"杏坞"园（见《武林旧事》）和杏花庄。嘉泰元年（1201）张功甫列二月"赏心乐事"有"杏花庄杏花"。从地名来看，这两处应该可以欣赏杏花。

需要注意的是北宋时代杭州已有杏花可赏，如苏轼《寒食与器之游南塔寺寂照堂》曾言"记取明年作寒食，杏花曾与此翁邻"。南塔寺为梵天寺前身，地址在凤凰山麓的馒头山上，今有梵天寺遗址建筑群，当时应该为城南郊野。南宋以后，杭州赏杏之地仍有几处。《民国杭州府志》称历代杭州"城内外多有"杏花，著名者有：元代莫景行"筑别业灵、竺之间，绕栽杏树，号曰杏园"；清波门街南翁家巷有大杏一株，"高五六丈，花时半里外犹见"；城郊皋亭（俗称半山）一带"与桃李杂植，尤称艳丽"。今天，这些地方的杏花已无有存留，反而孤山北

◆ 杭州古梵天寺经幢

坡植有杏树，春日里盛开，如云霞傍山，态度多姿。看来，因为思维惯性，过去笔者多注意杭州本地较为繁盛和著名的鲜花，忽略本地其实有杏花可赏。

较之临安城的零星分布，北宋时的华北地区，杏花种植较为常见，每见文士咏赞。纬度比杭州偏高五度的北宋开封城中，春末多有杏花可赏。皇宫中种植有杏花，据《宋东京考》卷一，"宫城"里玉英、玉涧殿"其背附城，筑土植杏，名曰杏岗，覆茅为亭，修竹万竿，引流其下"。城中禁宫之外也有，据《东京梦华录》卷二"御街"有"御沟两道"，"宣和间尽植莲荷，近岸植桃、李、梨、杏，杂花相间，春夏之间望之如绣"。城外多有杏花可赏，如《东京梦华录》卷七说开封西城外，过了板桥有名胜"杏花岗"。不仅如此，围绕着开封的百里之地皆是"园圃"，以致"春容满野、暖律暄晴，万花争出"，有"杏花如绣，莺啼芳树，燕舞晴空"。面对胜景，"红妆按乐于宝榭层楼，白面行歌近画桥流水。举目则秋千巧笑，触处则蹴踘疏狂。寻芳选胜，花絮时坠；金樽折、翠簪红，蜂蝶暗随归骑"。孟元老用精丽工整的语言，形象生动地描写了开封城杏花景观。就规模而言，开封的杏花种植，显然要比南宋临安大出许多。地理位置决定气候和风土，开封居民欣赏的花卉，多为华北平原的常见果木，而非梅花、海棠、桃花和桔柚等南方人喜欢欣赏而见诸歌咏的花卉。

开封百姓喜欢杏花的风尚，影响到宫城修建的园林景观设计。宋徽宗时，禁城之"东陬"建筑"艮岳"，有飞来峰，"植梅万本曰梅岭，接其余冈种丹杏、鸭脚曰杏岫"，即种有杏花和银杏作为观赏植物。徽宗喜欢杏花，体现于其画作《五色鹦鹉图》。

这幅画今藏美国波士顿美术馆，曾著录于《宋中兴馆阁储藏图画记》、吴升《大观录》与《石渠宝笈初编》（卷二十四）诸书中，为《宣和睿览集》中的存世画卷。经过元代内廷收藏，辗转流出到日本，后又西渡至美国。赵佶题跋说此图描绘"苑囿"景观，时当"中春，繁杏遍开，翔翯其上。雅诧容与，自有一种态度"。画图中，远方进贡而来的五色鹦鹉，歇息在灼灼其华的杏枝之上，平静里蕴含动感，令整个画面充满生机。就《宣和画谱》而论，北宋时代杏花图卷甚多，仲僩、黄居寀、徐熙、赵昌和崔白等人皆有绘写。流传到今，有黄居寀《杏花鹦鹉图》（藏波士顿美术馆）、赵昌《杏花图》。

赵昌活跃于大中祥符年间（1008—1016），此时宋徽宗可能正在筹划修建艮岳。与上图相比，杏枝的功能有所变化，从背景装饰变为写实传真，故而呈现的华美程度实有差别。赵昌、赵佶和马远，其身份无一例外都跟宫廷有关，或可说明两宋宫中人士颇为喜欢杏花。

开封士人喜欢杏花，甚至成为日常审美时尚。陆游《老学庵笔记》说"靖康初"，开封"织帛及妇人首饰衣服皆备四时"，

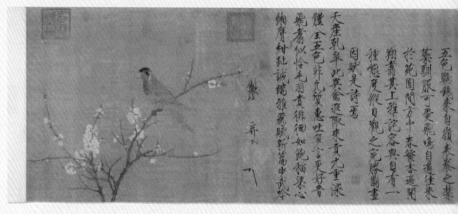

◆ 《五色鹦鹉图》，今藏美国波士顿美术馆

◆ 《杏花图》，今藏台北"故宫博物院"

花色有"桃、杏、荷花、菊花、梅花"，称之为"一年景"。
尽管陆游以为这是一种恶谶，预兆"靖康"仅延续一载，却也
恰恰反映出开封人喜欢杏花图样。开封人热爱杏花，是否会将
杏树种入临安，尤其是皇家园林呢？比较今存两种南宋《临安
志》，可以发现"西北"之人进入杭州，逐步从较为特殊的群体，
融入到本地城市生活。《建炎以来系年要录》卷一百七十三记
载绍兴二十六年（1156）九月丁巳日起居舍人凌景夏言："切
见临安府自累经兵火之后，户口所存裁十二三，而西北人以驻
跸之地辐凑骈集，数倍土著。今之富室大贾，往往而是。绍兴
二十一年（1151）有诏临安府见推排等第依在京例与免，命下
之日，万口欢呼。有司乃以和买役钱难以减放，止与西北人蠲
除，其土著人户反成偏重。"随着宋高宗的车驾幸临，杭州人
口结构发生重大变化，北方人口数量以及富人数量，皆超越本
地人远甚，甚至演化为特权阶层。《乾道临安志》中，西北人
有着专门的居住区域，享受特殊的考试政策。至《咸淳临安志》
已见不到这样的记载，应该是已经完全本地化。北方人的生活
爱好，影响城市的发展，如宋金签订和议后，军队放松战备，
城中多处兴建起"瓦子"，娱乐文化繁兴。遗憾的是文献有限，
无法确证西北人到来是否会专门栽种杏花以寄托故国情怀。

　　回到陆游《临安春雨初霁》和《小舟过御园》。两诗写作
时间接近，可以互相印证。第二首中诗人游览经过御园，眼中

看到"绿柳闹"和"杏花开",内心却感叹"远臣侍宴应无日,目断尧云到晚回",只能远远看着权力中心所在,颇有"心存魏阙"的意思。这或许说明,陆诗写旅店中听到"杏花"叫卖声,一方面确为写实,说明诗作的创作时间,另一方面应该有一定象征意味,暗示诗人内心的联想。诗中运用谐音双关乃中国诗歌十分悠久的修辞传统。"杏"之一字,正好和"幸"同音,估计为宋代人们的常见说法。

陆游应该熟悉这样的表达,其《老学庵笔记》卷四曾记载一个故事:宋哲宗绍圣年间(1094—1098)蔡京接待过辽国使臣李俨很长一段时间。某日李氏正饮酒之时,忽然拿起盘中的"杏"玩起了谐音游戏,说:"来未花开,如今多幸。"蔡京机智,立马同样玩起谐音双关修辞技巧,举"梨"说:"去虽叶落,未可轻离。"一来一往,代表两个朝廷政权的外交官,运用谐音双关,巧妙表达了"离开"与"挽留"的立场。故事中的两种水果,成熟时令有别,杏要早一个月,故而此叙述可能仅仅是一个传说。作为陆游知晓的同时代故事,暗示着宋人将"杏"与"幸"谐音双关乃一种常见现象。其实,"杏"与"幸"相通,已见唐诗。如高蟾曾有著名的《落第诗》说"天上碧桃和露种,日边红杏倚云栽",而自己只是"生在秋江上"的"芙蓉"不合时宜,故而诗末自言"莫向春风怨未开"。陆游本人有《丁未正月春色已粲然露坐高风堂北观种花》律诗,尾联说"数株桃杏亦漫种，未去与汝聊逢迎"，似乎回应着高蟾所言，知晓"杏"有双关意味。即将面圣的陆游，内心定会对皇帝恩"幸"较为敏感，听到深巷的杏花叫喝，会不会觉得这可能是一种反讽呢？

当时人们以杏花讨个彩头的风俗观念，还有图画为证。与陆游同时或稍晚的著名画家马远画有《倚云仙杏图》。这是一幅设色绢画，运用工笔细描，表现艳丽光泽，真是风华绝代。有趣的是画作的题款，右上角有"杨妹子"的题词"迎风呈巧媚，泡露逞红妍"，左下角有"臣马远画"的落款，表明此画为宁宗杨皇后作。抛开艺术审美不言，画作实有一定隐喻意味，"仙杏"与"先幸"谐音双关，既暗示赏画人的高贵地位，也贴合其心理期待，即等待着君王宠幸。

较为有趣的是，前述三幅画作中杏花都是以折枝出现，颇能呈现花朵的细节之美。这反映了当时人们欣赏折枝花卉的风气，北宋东京一带人们会采摘枝丫，插入瓶中。梅、杏一南一北，花朵形状相近，开放时间相差两个多月。清明时节，杏花落尽。就《全芳备祖》来看，有关梅杏的知识，南北方人有所差别。晏殊曾将红梅从姑苏移植开封，且有诗句揶揄说："若更开迟二三月，北人应作杏花看。"这成为一个著名的宋人"当代故事"，王安石在诗中加以运用，说："北人初不识，浑作杏花看。"问题的关键，或许如《扪虱新话》（"北人不识梅，南人不识雪"）所言为"地气"之异。那么，宋人喜欢的杏花，

迎風呈巧媚
逆露逞紅妍

◆ 《倚云仙杏图》，今藏中国台北"故宫博物院"

如何欣赏呢？

人们欣赏杏花的历史应该很早，南朝民歌《西洲曲》就用杏红色来形容女子裙衫颜色艳美。到了唐代，描述欣赏杏花的诗文已经非常丰富，唐诗多提及长安、洛阳两都赏杏之地：长安曲江西岸有杏园，白居易、元稹和哥舒大等人曾欢聚于此；东都洛阳城东赵村，有"杏花千树"，规模颇为庞大，白居易曾写有《游赵村杏花》。这令杨万里颇感兴趣，甚至将自己东园通向"杏花径"的亭子命名为"赵村"。

南宋文士最爱杏花者，非杨万里莫属，其《探杏》一诗说"从今日日须来看，看到红红白白时"，形象地传达出自己的痴迷。喜欢之下，诗人尝试动手种植，曾"百株种杏"。他有《买菊》一诗，称房南有杏花："老夫山居花绕屋，南斋杏花北斋菊。青春二月杏花开，抱瓶醉卧锦绣堆。"树下欣赏不够，诗人会折枝回家。有《瓶中梅杏二花》作于荆溪（今江苏宜兴），描写诗人喜爱欣赏瓶中梅杏双插："梅花耿耿冰玉姿，杏花淡淡注燕脂。两花相娇不相下，各向春风同索价。折来双插一铜瓶，旋汲井花浇使醒。红红白白看不足，更遣山童烧蜡烛。"当年二月初天气有点反常，气候寒冷，梅花花期延续到杏花含苞待放，故而诗人用铜瓶插梅、杏，流连欣赏，如痴如醉，热爱非常。杨万里为官四方，足迹所到，尝试官舍种杏，如《后圃杏花》自述"金陵官舍后圃"，"小树初种，当年花便稠"。又有《郡圃杏花》一诗，发出"小树嫣然一两枝，晴熏雨醉总相宜"的赞叹。

杨万里喜欢欣赏花卉，诸如梅花、荷花、菊花等都曾痴迷，杏花只是其中之一。相对而言，同时代的陆游更喜欢提及梅花、海棠之类，杏花仅是偶尔进入审美视野，多数时候将杏花当成一个物候来加以描述。如淳熙十四年（1187）他在严州任上，曾写诗赞赏杏花为"国艳"："芳敷正当晨露重，盛丽欲擅年华新。"又如《山园杂咏》第三首说"桃花烂漫杏花稀，春色撩人不忍违"，欣赏到花枝上春色浓郁。与之同时的范成大写有"雨脚远连山脚暗，杏梢斜倚竹梢红"之句，将红色杏花置于青竹背景中，颜色对比带来绝美意境。然而，就总体数量来看，以及诗中传递的喜爱之情的程度而言，皆逊色杨万里一大截。

跟杨万里一样，可以称为杏花痴者,北方金元之际有元好问。他笔下屡屡提及杏花，故而清代施国祁撰《元遗山诗笺注》就曾指出元氏"于此花(杏花)题咏最多"，留下《杏园宴集》《杏花》《杏花落后分韵》《南庵赋杏花二首》《张村杏花》《冠氏赵庄赋杏花》《浑原望湖川百叶杏花》等吟咏之作。今人也有考察，发现元好问吟咏杏花的作品"多达三十五首，其余还有十几处提及杏花"。其《赋瓶中杂花七首》题下有注说自己"绝爱未开杏花，故末篇自戏"，诗作描述自己的痴迷:"古铜瓶子满芳枝，裁剪春风入小诗。看看海棠如有语，杏花也到退房时。"诗人甚至多以杏花自况，有《临江仙》第十二首说"一生心事杏花诗"。又有《清平乐》组词十三首，首篇以杏花为寄托来言志抒怀。从他的诗文来看，当时北方人士多喜欢栽种杏花，如《纪子正杏园燕集》一诗说"纪翁种杏城西垠，千株万株红艳新"，撇开行文夸张的可能不论，纪氏杏园规模应该较大，成为诗人及其朋友常来聚集之地。诗人颇为喜欢此处风光，并用"纪园春"命名自己喜爱的酒（《续阳平十爱》）。

从杨万里和元好问诗作，可知当时人们用铜瓶来插杏花，欣赏花朵的妍丽风华。杨万里有《赋瓶中杂花七首》组诗以及《瓶中梅杏二花》，叙述诗人以铜瓶插梅花与杏花。元好问也最喜用古铜瓶来插花，其"壬子（1252）清明后作"的《寒食》一诗结尾即说："山斋此日肠堪断，寂寞铜瓶对杏花。"与杨万里同时代的陆游也见过以杏花插瓶，如《春晚至山中因访陈道人》一诗写道："僧钵始知莼菜老，佛瓶初见杏花开。"到了南宋时代，南北方人士皆喜欢以铜瓶插花欣赏。

相对海棠、荷、桂、菊和梅花这些适合南方生长的花木，南宋时期的杏花只在杭城零星分布，堪称边缘化的花卉审美对象。这些赏杏场所，多跟皇家有关，似乎人们种植杏花，是为了满足皇亲国戚的审美需要，以花朵寄托着对北方河山的怀想。

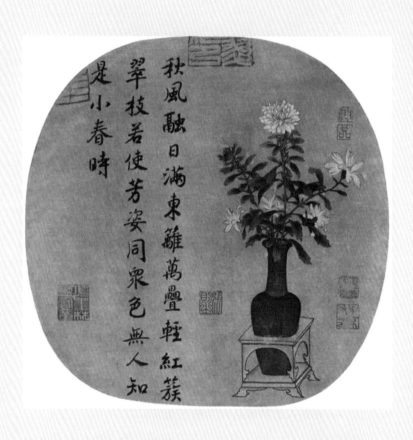

秋風融日滿東籬，萬疊輕紅簇翠枝。若使芳姿同眾色，無人知是小春時

◆ 姚月华《胆瓶花卉图》，原载《四朝选藻图册》

韩瓶：宋代酒政的一个侧面

魏　峰

一

　　韩瓶，是宋代常用的贮酒器，多为陶瓶，也有瓷质；样式并不统一，有些是直腹，有些是鼓腹；有些瓶口大，有些瓶口略小；施釉也是多少不一。比较精细的瓷质韩瓶，在瓶身还绘有花纹或人物。因为细颈鼓腹，韩瓶又被考古学界称作"鸡腿瓶"。据说，此类陶制酒瓶之所以称作"韩瓶"，是因为掘出此瓶的地方如上海青龙镇等地，传说是南宋名将韩世忠驻军之处，此类陶瓶乃是韩世忠部属所用水壶，故有此名。

　　韩瓶，得自明人称呼，陆军（《中国梅瓶研究》）根据出土的宋代酒瓶，与宋代的传世文献对应，认为宋人将盛酒的陶瓶称作"酒经"，也称作"酒京""经瓶""劝酒瓶"，更粗糙的唤作"瓦壶"，所谓"瓦瓶春贮酒，土灶夜蒸藜"，不过出于习惯，我们仍将这些陶制酒瓶称作"韩瓶"。

　　陶制韩瓶外，还存世一些制作精致的瓷质韩瓶，应是反复使用。宋代磁州窑的一只韩瓶上，写有"清沽美酒"四字，还有一只韩瓶上写着"醉乡酒海"。有北宋韩瓶上，刻有"武陵城里崔家酒，天上应无地下有"诗句，这句诗乃是改写唐代诗人张白的诗作《赠酒店崔氏》。似此类韩瓶，用以在店内储酒、分酒，兼具广告之用，并非一次性的消耗品。天圣八年（1030），提举诸司库务司上言，法酒库支出内廷秋宴酒1700瓶，只回收酒瓶420只，须加追究。想是法酒库酒瓶制作精致，需要回收再用。

江浙一带，不少宋代遗址、墓葬都有韩瓶出土，宁波月湖"都酒务"遗址出土韩瓶残器多达万件，杭州环城北路、临安区衣锦城址等宋代遗址都出土过韩瓶或残片。南宋皇城所在的凤凰山麓，也有大量韩瓶残片堆积。这些随用随弃的陶制韩瓶，大约类似我们今天的啤酒瓶，在酒务、衙署、屯军之地多是这些宋代"啤酒瓶"的堆积之处。

乾兴元年（1022），杭州酒务一年卖出100万瓶酒，每瓶官价68文；绍兴三十一年（1161），杨存中等献纳两浙酒坊中，湖州等十一坊尚有"未卖煮酒二十余万瓶"。官酒不但以瓶售卖，亦是以瓶计价。各类节庆、祭祀丧礼，朝廷赐给各级官员，也是以瓶计之。如此规模的韩瓶消耗，需要的是同样规模巨大的酒瓶生产。南宋湖州长兴县有一座和平瓶窑，也就是专制韩瓶的窑场，隶属于长兴县的和平酒库。南宋初此酒库转给殿前

◆ 杭州环城北路出土韩瓶　杭州市文物考古所

◆ 凤凰山韩瓶残片

司经营，这个瓶窑场也一并交给了殿前司。官酒务、酒坊附近，想来应是有烧制韩瓶，或者兼烧韩瓶的陶窑。

杭州余杭的瓶窑镇，自唐代以来就是以烧制陶器知名，2018 年浙江省文物考古研究所在这里发掘了一处宋代窑址，发现了三座烧制器物的龙窑，还有堆积如山的各类器物残片，占比最大者就是韩瓶残片，据考古学者研究，此窑地是宋代一处以烧制韩瓶为主，兼制壶、碗、盘、盏等陶制生活用品的窑址。据余杭地志所载，瓶窑镇原名亭市，当是因亭市山得名，而亭市山又被称作"窑山"，乡民自唐宋以来就以制陶为业，大约南宋以来烧制韩瓶窑口众多，镇因此得名。衢州的野猪坳窑址，出土器物主要为韩瓶，其所在位置为峡川镇，宋时为衢州所属的草市。再以宋代湖州归安县为例，其下属酒坊有琏市、西吴、思溪、施渚、史吴、东林、长寿七坊。其中施渚镇酒坊，今为埭溪镇，在埭溪镇的下沈窑址发现大量宋代韩瓶残片，可能即为施渚坊所属窑口。东林坊，今为东林镇，在今湖州菱湖镇市山发现的宋代窑址中有大量废品堆积，均为韩瓶。和平酒库所在即和平镇，在长兴县南五十里。在富阳的太平窑址也曾发掘过一批韩瓶。宁波都酒务的韩瓶，据研究多系东钱湖、上林湖窑口烧制。杭州北宋时官酒务销售量就高达 100 万瓶，李华瑞（《宋代酒的生产与征榷》）据所耗酒曲估算，南宋绍兴时杭州户部酒库年均销量至少是北宋的十倍左右，所耗韩瓶数目可以想见，周边除瓶窑之外，当还有其他窑口供给。

二

官产官销、韩瓶来装的酒，宋代称"官酒"，其后有一整套与宋代财政有关的制度，称作"榷酒"，也就是朝廷控制生产、销售环节的酒类专卖制度。专卖制下，还有官卖酒曲、村镇特许专卖和随二税纳酒税许民自酿等制度，宋代全国并无统一制度。一定区域内酒法也有变化。北宋初年，杭州曾经将酒曲钱纳入夏秋两税中收取，允许城乡百姓自行酿酒，或售或用，但是来年就发现，城中的富户不过随税缴纳酒税，就可以开店卖酒，所入丰厚；乡野百姓纳了酒税，却不过酿点自家粗酒，无从获利。雍熙二年（985），朝廷一改杭州此前酒政，设置清酒务，官酿官卖。究其原因，应是官府比较两法，两税所收的酒税，比之榷酒的利润应该低很多，所以再度以官榷方式尽可能控制酒利。

酒作为宋人的日常消费品，其销量多寡，视乎居民之繁盛、商旅来往之多寡，故市廛繁盛，是官营酒务、坊场足额销售、完成酒课的基础，故官营酒坊除在州县城中，多置于通衢大道、人烟稠密之地，与市镇往往重合。然而要维持官酒沽卖，完成定额利润，就需要划区销售，城乡官营酒坊莫不如此。

绍兴末年，婺州兰溪县的官酒坊连年亏损，皆因与县酒坊相距数里的板桥坊，其销酒地域内私酒不禁，甚而越界卖到兰溪酒坊地分，遂使本县官酒销售不畅，酒课不能足额完纳。板桥坊当即板桥铺，距离兰溪县东二十里许。朱熹的女婿黄榦，曾在嘉兴石门酒库为监官，他曾向崇德县令抱怨，石门酒库虽然有百里的地界，但是居民鲜少，酒库地分就在崇德县境内，当地一个豪横的富户钱福，本系石门酒库拍户，却大肆私设酒坊酿酒，其乡里百姓被迫要在他的私设酒坊买酒，石门酒库应属售买官酒地界，竟有四分之一被他的私酒占据。无奈之下，黄榦还专门绘制了一幅地图，指明用黑色绘出的范围是石门酒库销售的区域，而用红色标出的是钱福私酒贩卖的范围。

黄榦如何确认本库地分，涉及售酒的区域到底如何分界。各酒务如何确认自家的行销区域，乃至承包村坊的酒户如何确认各自坊界，卖酒的拍户是否越界售酒，买醉的村人购的是否是出界的私酒。所依凭者，在城中大约有坊额、街巷等标识建筑为界，南宋临安府治遗址曾出土界碑，此类禁、界碑石当是城中常设。在城中的官酒务当有或据坊巷，或依碑石划定的销售界限。真宗朝，开封府内的酒户"般担清酒出门，须得于指射厢分界至内开店沽卖"，也就是以本厢划定界至内开店售酒，厢内界限应以坊巷确认。明确地界不但是划分销售地区所需，更是官方查禁私酒所必须。宋制禁地之内禁止私酒销售，北宋时禁地指东京开封的外 25 里，州府城 20 里，县、镇、寨 10 里，不但私酒不可售卖，《庆元条法事类》规定，外州官酒，或是合法所得官酒得入别州界内销售，视同私酒入禁地。翟汝文知泸州时，泸州有酒务运官酒过界，本路的提举常平即派官员查封酒务。

而在城外，也有可以划分地界的标志——里堠，刘攽《贵溪道中》诗中写道"三杯村酒逐时醉，五里堠碑随处看"，当是在乡村酒坊买酒所见。里堠，是古代标识里数的设施。周峰（《宋金时期的里堠碑》）认为里堠有记里程、指路、标疆界等功能。五里单堠，十里双堠，即在路旁中以单、双里堠计程，至唐时已是如此。宋代因之，王曾于大中祥符五年（1012）时出使契丹，在进入山区后"无复里堠，但以马行记日"，说明前此沿途皆有里堠。文天祥有诗"十里一双堠，狐兔卧荆棘"，足见南宋时单、双置堠仍是制度。里堠还可作为州县界址的标志之一，杨万里《四月四日午出浙东界，入信州永丰界》诗云"莫欺山堠子，知我入江东"，则是以里堠为州界。城郊或要道的里堠，日久年深就成为地名。南宋时鄱阳人沈传，乡里称善人，家居于"北关外五里堠之侧"。"堠"亦会是地名，今方志中可见一些以"堠"为名的地名，或源自唐宋里堠。

里堠或为建筑，或为石碑，现存有宋、金实物。在今连云港尚有一处宋代里堠石刻，刻有"岩石堠三十里"，既标里程，亦是地名。辽宁省绥中县曾发现金代里堠碑，碑首题"来宾县里堠"五字，碑文载"东至海滨界首刘兰头庄双堠卅五里，南至海二十四里，西至州西单堠三十五里，北至阜俗县黄家寨百卅里"，此外在辽宁阜新、山西方山都有金代里堠碑发现。堠碑一般设置于驿路之旁，标明四方里程、界至，不但来往商旅可知地理界限，酒务、酒坊也可以里堠为界，划定本务销售区域。石门酒库、兰溪酒坊大约都是以特定里堠标定各自官酒销售地域的。

里堠不但可以计里识界，其本身也是一个具有告示功能的设施，其上应有可以张贴榜文之处。元符末年，宰相章惇（字子厚）被罢相，出为越州知州，他自汴京（开封）出东水门，一直到宿州淮门，沿路旁的里堠之上，皆署有大字："我是里堠，奉白子厚。山陵归后，专此奉候。"沿路无一遗者。陆游的父亲陆宰，自汴京赴亳社时，还能见到书于里堠之上的大字。宋人李元弼《作邑自箴》中约束地方耆老须对"里堠、粉壁及榜示常切照管，不得稍有损坏"，应是里堠具有此功能缘故。本务界至、禁售私酒、禁止越境售酒的告示也可张贴于此，作为各个酒务售酒区域的界限。

里堠之外，各个拍户的大小酒店多以青旗为酒招，以至南宋时潭州知州真德秀径称其为"旗望户"，此售酒旗帜也是合法售酒的招牌。张耒曾言及"市多私酒，不立旗望"，则售卖

◆ 连云港岩石堠

◆ 来宾县里堠

私酒，不敢张大旗帜，而售卖官酒的村店则是酒旗招展，亦是标明地界，"几处唱歌闻白纻，谁家沽酒见青旗"，应是乡野常见的景象。

三

官营酒务销售界限由坊巷、界碑、里堠明确，如何证明运销官酒生产、销售合法？其凭据之一仍在储酒的韩瓶之上。

既是贮酒的用具，为了防止酒味散失、方便运输，韩瓶都要封口。依据宋元出土文物，比较精致的韩瓶瓶口会倒扣一个酒盅样式的瓶盖，再用泥封口，泥封后官府的酒务还要在上面盖印押字，以此证明酒是合法生产的，泥封上还印有酒的品名。河南新乡出土的一批宋代官押酒封，望野（《酒封小考》）研究发现，酒封大致分为两类，一、饼形，中间厚，外边渐薄，饼面较大，有多组押文，可确认是封押较大型广口酒瓮、酒坛类酒器的封记。二、帽盖形，梯形平顶，这类封记应是封押较常见的梅瓶样酒器。酒封刻有酒的名称，此酒名为"煮杏仁法糯酒"。酒名之外，还有"酒□监押"印记，这个印记是应系主管酒务的官吏，在韩瓶用泥封口后，再戳印在泥上。酒封像一个泥制的壳套在封口外，材料混合了一些纤维，比较酥脆，方便启封时打碎，同时也是为了防止官府的押印封泥被重复利用。有酒务监官押字的印记，即为特定销售范围内产销合法官酒的标志。不同酒务，除务名不同外，此押字必然也有区别，官吏识别韩瓶上的押字即可判别，是否越界，是否私酒。酒户运销官酒时，应还持有盖有酒务官印的历子等文书，出土的宋代官印中有"镇江府水军酒库""嘉定侍卫马军司酒库"等朱记。今天的黄酒封装，是趁着黄酒灭菌后尚热，用泥封口，用酒的余温使泥头干燥，防止发霉，不知宋代是否也是如此。

　　南宋德寿宫遗址曾出土酒坛封泥，中央两竖行文字作"惠山米""三白泉"。有观点认为此即指以惠山米、三白泉所酿之酒。然惠山，即指今无锡惠山，以"天下第二泉"惠泉知名于世，宋时蔡襄等士大夫多有诗文提及，尤以苏轼"惠泉山下土如濡，阳羡溪头米胜珠"知名，惠山之泉更被苏轼视作烹茶之选，"独携天上小团月，来试人间第二泉"。是以"惠山米"颇难索解。假使惠山米、三白泉足为名酒之号，当是文献中所常见。封泥部分缺损，"泉""米"二字下或有缺字，若以"惠山三白，米□泉□"似通，"惠山三白"虽是明清无锡名酒，其来源名号或是南宋。当然，不管此酒是否为"惠山三白"，其为宋代常州所产则是可以肯定。宁宗朝曾任知临安府的袁韶在任时较为勤勉，为增加临安府酒课收入，在临安官酒之外，还取常州宜兴、衢州龙游两县官酒到临安出售，此事被杂剧改编入戏，并到宫内演出。三个伶人扮作临安知府、衢州知州、

◆ 河南新乡出土酒封

◆ 德寿宫遗址出土封泥

常州知州。三人争位不下，衢州知州说道："临安知府应在我二人之下。"常州知州问道："这是什么道理？"衢州知州说："他不过是我们两州官酒务的拍户而已啊。"可见临安出卖外地名酒，也是常见。

临安城纪家桥边的国子监，是南宋的中央官学，听说新任的祭酒张持大人就要到任，国子监的大小官吏们都在门口迎候。张持赴任前，国子监祭酒职务空缺多时，所以大家都郑重其事。眼见这位身着红袍的祭酒大人下轿，几个小吏立马齐声高喊"接祭酒到国子监任职"。不想这迎接祭酒的喊声，被周围坊巷的百姓误听为官府捉拿抓捕私酒商贩，大喊"官府来抓私酒了"，顿时乱作一团，抱瓶拿壶、引车提担者四散而逃。张持赴学任职的礼仪，混乱为捉拿私酒的闹剧。抓捕私酒，是官府维持榷酒制度、维持官酒销售的手段之一。

国子监左近，有北新酒库、钱塘栈库，钱塘门外有钱塘正库。这些酒库中多有专职缉查私酒者，宋代称为"酒巡""酒务脚子"。《庆元条法事类》载，巡捕人管辖界内有外来酒而未能觉察，为他人告获者，巡捕者治罪；捕获私酒则有奖赏，赏罚悬然，是以捕酒之害甚于盗匪。这些酒务脚子一般自行稽查，只有在自身力量不足时才会有地方巡检、军队参与。酒务脚子日常多是走街串巷，在各处张贴禁止私酒的告示。一旦有一二升酒不是出自官酒，被他们捉获，责任人就不免被关在监狱里，甚至破产。进贤县的酒务脚子多是地方的恶少，时常以捕私酒为名鱼肉乡里，还以查禁为名，到本县二三十里外的地方拦截江上的客船。

但是私酒却屡禁不绝，根源在于法禁不严。高宗自己更是罔顾法禁，是临安私酒禁而不止的原因之一。高宗禅位后，每年朝廷支给大笔费用，日常还有各种供给，但是高宗仍旧不满意。他退位之初，便纵容宦官梁康民等开设酒库，贩卖私酒谋利。身为谏官的袁孚得知后马上向孝宗上书，要求朝廷出面查禁。高宗得知此事后震怒，宋孝宗为表示孝心，直出御批罢免了袁孚的右正言职务。宦官手持御批到宰相办事的都堂，大臣陈康伯、史浩皆不赞同，次日上朝时史浩随即向孝宗劝谏说，袁孚上奏德寿宫酿造私酒之事是他身为言官的责任，因为上言就被罢免会影响朝廷的威望。而且德寿宫内都是些弄权的宦官，如果不是如袁孚这样的士大夫言官不时匡正朝廷纲纪，这些人只怕早就无法无天了。再者，如果公开罢免袁孚的理由，那是公开了太上皇跟陛下的矛盾，天下会以为陛下对太上皇的供养不够，也不可取，不妨等一些时候。不料孝宗自德寿宫返回不久，就召集史浩议事，说太上皇送给我一壶酒，亲笔写上"德寿私酒"，让我手足无措。最后只能以袁孚主动请祠禄的闲职离开临安收场。"银榜恭书幸翠华，玉壶私酒愧官家。"身为太上皇的赵构视国家法度如无物，还要孝宗充耳不闻，大开私酒方便之门，等于是开了权贵贩卖私酒之路。

王安石在鄞县

刘成国

　　王安石（1021—1086），字介甫，号半山，抚州临川（今江西抚州）人，宋代杰出政治家、文学家、思想家。宋神宗熙宁年间（1068—1077），他在宰相任上主持、发动了一场由上至下、从朝廷到地方的变法革新运动，史称"王安石变法"或"熙宁变法"。变法以理财为核心，涉及到经济、政治、军事、文化等多个领域，对宋代乃至整个中国历史产生了深远影响。王安石也由此被冠以"中国十一世纪的改革家""国家社会主义改革家"等称号。

　　自仁宗庆历二年（1042）进士及第至熙宁二年（1069）拜参知政事之前，王安石曾历任淮南判官、鄞县知县、舒州通判、常州知州、提点江南东路刑狱、三司度支判官、知制诰等官职，政绩卓著。所谓参天之木，必有其根；怀山之水，必有其源。"王安石变法"中的诸项新法，以及指导变法的革新思想，早在他任职地方官时便已初显端倪，尤其可追溯到他知明州鄞县（今浙江宁波市鄞州区）时。邵伯温《邵氏闻见录》卷十一载：

> 王荆公知明州鄞县，读书为文章，二日一治县事。起堤堰，决陂塘，为水陆之利。贷谷与民，立息以偿，俾新陈相易。兴学校，严保伍，邑人便之。故熙宁初为执政，所行之法皆本于此。

以下从政事、文学、交游三个方面，分别缕述，以凸显知鄞三年在王安石一生及宋代历史上的重要意义。

一、政事。起堤堰，决陂塘。庆历七年（1047）四月初，王安石以大理评事赴知鄞县。此前，作为进士甲科高第，他本可按惯例于扬州签判任满后献文求试馆职，获取晋升的捷径，然而他未曾申请，宁愿远赴浙东海隅的一个小县，去施展治民的抱负。鄞县属明州，地势跨负江海，水有所去；又深山长谷之水四面而出，沟渠浍川，十百相通，原无水旱之忧。但自吴越钱氏所置营田吏废后，六七十年间，当地官吏因循苟简，水道堤防年久失修，渠川浅塞，山谷之水转以入海而无所潴存，致使鄞县经常面临干旱威胁。根据这一基本县情，王安石把"治水"列为治鄞的"重中之重"。庆历七年十一月初七，他自县城出发，跋山涉水，在十二天内周巡鄞县东西十四乡，对各地水利情况进行实地勘察调研，督促乡民浚治渠川，兴修水利。这一过程，完整地记载于他的《鄞县经游记》中。动工期间，恰逢冬雨滥淫，王安石遂两谒县北的永泰王庙，为县民浚川祈晴，

恤民之情，殷殷可鉴。（《王安石文集》卷八十六《祭鲍君永泰王文》）

鄞县东南有东钱湖，由明州七十二条溪流汇潴而成，周回八十里，可溉田八百顷，"特湖为堰陠所限，莼菰菱茨莲葑之流杂生其间，滋蔓不除，则渐淤"。（全祖望《鲒埼亭集外编》卷十五《万金湖铭》）庆历八年（1048），王安石调夫浚疏，重清湖界，并于县东南海晏乡命县民开凿通山碶，保障了东钱湖的灌溉功能。（《宝庆四明志》卷十二）县西又有广德湖，大五十里，县西七乡之田依此浇灌，"舟之通越者，皆由此湖"（《曾巩集》卷十九《广德湖记》）。只是湖堤经常颓坏，严重影响了它的正常使用。庆历七年（1047），王安石发动民众浚筑湖堤（《乾道四明图经》卷十载舒亶《水利志》），使得县西七乡之民虽旱无忧。

贷谷与民，立息以偿。鄞县是明州大邑，农民生活极为困苦，"大抵数口之家，养生送死，皆自田出，州县百须，又出于其家"。（《王安石文集》卷七十六《上运使孙司谏书》）于是，县民往往以田为质，向地方豪强借贷，受到高利贷的剥削，常至倾家荡产。（李日华《六研斋笔记》卷一）针对这种情况，王安石"贷谷与民，立息以偿，俾新陈相易"——即于每年青黄不接之际，将官仓中的存粮轻息贷给农民，以备生活耕种，等秋收时则连本带息收归公家。这样，既可使农民免受地主豪强的剥削，继续生产，又可为官府增加一些利息收入，使官府存粮得以旧换新，不致腐烂损耗；同时，又抑制了当地的豪强兼并，维护了社会公平。官府、民众各取所需，可谓两全其美。

兴学校，严保伍。王安石一贯重视教育。在他知鄞之前，鄞县并无正式的县学。庆历八年（1048），王安石将县内的孔子庙改为县学，并致书聘请当地著名士人杜醇任教。杜醇与楼郁、王致、王说、王该等人友善，皆为州闾所师。王安石对他们尊礼有加，书启往来，或道仰慕之意，或讨论县政，或诗歌唱酬。后世认为，鄞县文风肇始于此。至于"严保伍"，史不及载，具体不详，或许与强化地方治安有关。

此外，王安石治鄞善政还包括：庆历八年二月，刻《善救方》于县门外，令县民可以自得而无需求助官府；皇祐元年（1049），上书两浙转运使孙甫劝止捕盐；同年，奉敕书寻访义夫节妇；荐能吏汪元吉等。

二、文学。鄞县三年是王安石诗文创作的发韧期。他此期所撰古文，均有为而作，具有强烈的现实针对性，往往抨击弊政，阐述个人独特的政治、文化理念。它们叙事简洁，说理透辟，议论高奇；在学习韩愈的同时，逐渐形成了自己独特的峭峭文风。一些篇章受到古文领袖欧阳修的赞誉，并入选欧阳修编撰的《文林》。这标志着王安石已经在文坛上锋芒毕露，确立了古文名家的地位。诗歌方面王安石则创作了《秃山》《龙泉寺石井》《登飞来峰》等名篇，或托物言志，或直抒胸臆，如"天下苍生待霖雨，不知龙向此中蟠"；"不畏浮云遮望眼，只缘身在最高层"等等。虽略无含蓄蕴藉，但意境高远，卓然不群，典型地体现了他前期的诗歌风格。值得一提的是，在鄞县时王安石无意中获得了二百篇杜甫诗歌，开始精研淬磨，数年后写下了杜甫接受史上的名篇《杜甫画像》，将北宋诗坛上的学杜之风推到一个全新的高度。同时，对杜诗的揣摩学习，也使他本人的诗歌创作愈加精益求精，开启了诗风转型的契机。

三、交游。知鄞县的三年里，王安石以其高尚的品格、出色的政绩，通过频繁的诗歌唱酬、书启往来，拓展出一个具有明显的地域色彩而又跨越地方的社会交游网络，为日后的发展积累起丰厚的社会资本。在这个网络中，他与杜醇等明州地方士人的交往，为他在士林中赢得了广泛的声誉，直接推动了明州地方文教的发展。而他与庆历革新领袖范仲淹的交往，则别具意义。范仲淹与王安石父亲王益为同年，于安石为父执，素受安石敬仰。皇祐元年（1049）正月，范仲淹自陈州改知杭州。当时，王安石正自江宁返还鄞县，途经杭州，遂上先状问候，此后又屡有书启往还，颇见揄扬。皇祐二年（1050）夏秋之际，王安石于杭州正式拜谒范仲淹，亲受教导。可以想见，范仲淹"先天下之忧而忧，后天下之乐而乐"的理想抱负，以及数年前的改革实践，应当深刻地启迪、引导了王安石的政治理念。

此外，值得关注的还有王安石与当地浮屠的交往。北宋时，明州佛教异常兴盛，佛寺遍布（刘昌诗《芦浦笔记》卷六），高僧大德多出其间。王安石在周巡鄞县督导乡民兴修水利的途中，曾投宿景德寺、慈福院、广利寺、旌教院、开善院、普宁院、资寿院等，与禅宗大师常坦、怀琏、虚白、瑞新等诗歌唱酬，交游甚款，结下了深厚友谊。这对王安石的文学创作、学术思想甚至生活方式等各个方面，产生了深刻影响。他的很多诗歌即以佛教为题材，或描写佛教寺院、僧侣生活，或模仿诗僧的创作风格，或以通俗形式阐发佛教哲理，往往别具韵味。在与浮屠交往的过程中，王安石深深感受到他们崇高的精神境界和人格修养，从而逐渐认识到发展儒家心性之学的重要性。他的"性无善恶""性可以为恶"等心性思想，以及以平治天下为己任的入世精神，除自传统儒家的熏染外，也不无来自禅宗、天台宗思想的影响。甚至王安石的生活作风，也深烙佛教的痕迹。他日常生活异常俭朴，不事奉养，不修边幅，与儒家严谨礼法、礼制不合，时人称为"无欲似头陀"："然荆公气习，自是一个要遗形骸、离世俗底模样。"（《朱子语类》卷一百三十）

皇祐二年（1050）初，王安石知鄞秩满。此时，凭借出色的政绩，他已成为北宋政坛上一颗冉冉升起的新星，被视为东南地方吏治的典范，并获"江东三贤"之目："是时，荆公王介甫宰明之鄞县，知枢密院韩玉汝宰杭之钱塘，公弟师直宰越之会稽，环吴越之境，皆以此四邑为法。处士孙侔为文以纪之。"（范纯仁《范忠宣公文集》卷十三《谢公墓志铭》）"（石牧之）移台州天台令……于时故相王荆公知鄞县、枢直陈公襄令仙右，号江东三贤。"（苏颂《苏魏公集》卷五十五《朝议大夫致仕石君墓碣铭》）

　　二十年后，王安石入参大政，雷厉风行地推行变法。其中的青苗法、农田水利法、保甲法、科举改革等，皆于鄞县之治可略窥一斑："即后此执政时农田水利、青苗诸法，而小试诸一邑也。"（梁启超《王荆公》）就此而言，王安石治理鄞县的地方经验，成为他日后从上而下推动全国性变革的一个重要源泉。

寻宋之抗金三名将

吴铮强

一、徽县吴玠碑

（一）无蜀是无东南也

南宋的半壁江山，依赖江淮、荆襄、川陕三大战区构筑的漫长防线得以偏安。浙江、福建是南宋的政治核心区域，则江淮战区属于前卫，荆襄一带策应东西，川陕一线就成为南宋的边卫地带。《孙子兵法》称，"故善用兵者，譬如率然。率然者，常山之蛇也。击其首则尾至，击其尾则首至，击其中则首尾俱至"。宋人就把宋金防线比喻为常山蛇势，以首、脊、尾比喻三大战区，并有首尾优劣之论，认为东南为首属于偏安之势，若图恢复中原当以川陕为首，"今以东南为首，安能起天下之脊哉？"当然赵构为了在杭州坐稳皇帝，绝对无意以川陕为首号令中原。但常山蛇之势意味着首尾相连，川陕战区犹如咽喉之于心腹，"咽喉闭塞，则心腹不能以自存"，因此对于北人而言，"取吴必先取蜀"，对于南宋而言，"无蜀是无东南也"。

◆ 徽县吴玠碑

　　绍兴和议之前，三大战区的主帅分别是韩世忠、岳飞与吴玠。赵构在大名府出任天下兵马大元帅时，韩世忠、岳飞就已投奔赵构，都算得上南宋王朝的从龙之臣，但远在川陕的吴玠终身"未尝得一见天子"。

　　吴玠出生于元祐八年（1093），本是德顺军陇干（今甘肃静宁）人，父亲吴扆由水洛城（今甘肃庄浪）寨卒升至指挥使，死后葬于水洛城。吴玠约在政和元年（1111）从军，与韩世忠一样在西夏战争与镇压方腊、河北义军中建功立业，靖康元年（1126）又打败进攻怀德军（今宁夏固原北）的西夏军。建炎二年（1128），吴玠开始抗击金军，并收复华州（今陕西华县），不久升右武大夫而成为中级武官。建炎三年（1129），张浚指出"中兴当自关陕始，虑金人或先入陕取蜀，则东南不可保"，赵构任命张浚为川陕宣抚处置使，张浚连续将吴玠升任为权永兴军路经略司公事，一度收复长安。但宋军在九月的富平之战中失利，吴玠收散兵退保大散关（今宝鸡西南）东的和尚原，扼守入蜀通道。

　　绍兴元年（1131）五月，金军出大散关合攻和尚原，吴玠坚守阵地，连战三天，击退金军，以功升陕西诸路都统制。同年十月，金军"自宝鸡连三十里"再战和尚原，吴玠造劲弓强弩轮番发射，又设伏大败撤退的金军，取得和尚原大捷，以功授镇西军节度使，建节时间比岳飞早三年。

◆ 徽县杀金坪

绍兴三年（1133）饶风关激战六昼夜失利后，吴玠从和尚原退守仙人关，在关右筑垒以守。绍兴四年（1134）十万金军进攻仙人关，吴玠以一万兵力抵抗，吴玠弟吴璘率军火速支援，在仙人关与吴玠军会合。宋金两军在"杀金坪"厮杀三昼夜，宋军苦战仍无法抵挡，但在退守第二道隘砦后击退金军的猛烈进攻，又以长刀大斧砍杀金军骑兵，终于守住仙人关，并大举反攻。四月，宋军收复凤、秦、陇三州。绍兴五年（1135）十二月，吴玠所部由地方军被编为朝廷直属的行营右护军，成为南宋的西北长城。

（二）葬于德顺军水洛城北原茔之次

仙人关大捷后，吴玠的地位更加稳固，制衡吴玠成为朝廷必须重视的问题，是以派席益以安抚制置大使的身份入川。席益既要调处四川本土势力的矛盾，又要为朝廷制约吴玠，结果力不从心，于绍兴七年（1137）离任。此后朝廷又派出四川安抚制置使胡世将入川，胡世将颇有才干，对吴玠既笼络又避让，较好地维系着吴玠与朝廷的关系。

这时宋金两国的朝局经历了复杂的演变，议和的主张逐渐成为主流，张浚也被罢相。张浚是主战派，志大而才疏，在四川有富平溃败、冤杀曲端的经历，但吴玠毕竟是张浚一手提拔，始终视张浚为恩公。张浚罢相后两月，吴玠派使臣到临安觐见，请求赵构犒军。赵构认为这是在试探，他让使臣转告吴玠，吴

玠一路升官，"皆出于朕，非由张浚也"，在警告的同时仍满足
吴玠犒军的要求。

吴玠与张浚都属于主战派，绍兴八年（1138）张浚被贬，
秦桧复相。绍兴九年（1139）赵构以和议大赦，张浚复官，但
又因反对议和被排挤出朝。宋朝以向金朝称臣纳贡为代价，换
得金朝将原刘豫所据的河南、陕西等地归还，以及归还赵佶梓
宫和韦太后、赵桓、宗室的许诺。赵构派王伦出使金朝双方交
割地界，兀术渡河回燕京，将行台尚书省自开封府迁到大名府，
后又迁往燕京。由于正朔、誓表、册命、纳贡数量等问题尚未
达成协议，双方没有正式签订和约。

为了安抚吴玠，赵构给吴玠与岳飞都加开府仪同三司的荣
衔，然后又任命吴玠为四川安抚使，吴玠非但坚决推辞，还以
病重为由上疏请求朝廷免去自己所有职务。赵构谢绝吴玠的请
求，命胡世将在蜀中寻访名医为吴玠治病，接着派出御医前往
四川。不料御医未到，吴玠就已于绍兴九年（1139）六月在仙
人关去世，享年47岁。本来议和已成，金国准备交割土地，吴
玠应该与父亲一起葬在水洛城，据说吴玠生前已在庄浪水洛城
营建墓穴，神道等均已完工，因此庄浪县至今仍有吴玠墓。但
七月金国发生内讧，宋朝使臣王伦被拘，金国主和派宗磐、挞
懒以谋反罪被处死。

绍兴十年（1140）五月，金朝撕毁和议，以兀术为元帅，

从宋金防线三大战区同时进攻南宋，河南、陕西州县重新落入金人之手。宋军在三大战场组织有效抵抗，除韩世忠、岳飞等从江淮、荆襄出兵之外，在川陕战区抵挡金军的主帅是吴玠之弟吴璘。宋金重新开战，意味着吴玠无缘葬回水洛城。

2019年夏，甘肃徽县召开纪念吴家将及仙人关之战的会议，会议期间又寻访吴玠墓、碑及仙人关、杀金坪等遗址。吴玠墓、碑在徽县东北的钟楼山上，山因原有吴王祠而俗称吴山。据说吴玠是否安葬于此仍有争议，对吴玠碑倒是无所质疑，但与文献对照，吴玠碑让人颇多困惑。

吴玠碑高约3米，碑额题"宋故开府吴公墓志"，"开府"是指一度被吴玠拒绝的"开府仪同三司"，吴玠去世后又赠少师。碑的背面有清嘉庆十一年（1806）徽县知县张伯魁重新保护吴玠碑的记文与诗作，正面原碑文之上又复刻"宋故将军吴玠之墓"八个楷书大字，据称是1934年驻防于此的国民军李铁军旅长的手笔。

（三）一进却之间胜负决矣

吴玠碑令人困惑之处在于，碑文的石本无法与传世纸本对应起来。现存两篇题为吴玠墓志的纸本文献，一篇是出自乾隆《甘肃通志》卷四八的《开府仪同三司赠少师吴玠墓志》，作者署为胡世将，另一篇保留于《三朝北盟会编》卷一九五，作者是为吴玠撰写神道碑的王纶。吴玠碑末尾部分漶漫不清、残缺甚多，

◆ 吴玠墓

但仍能反映与纸本的对应关系，《甘肃通志》胡世将所撰墓志与石本开篇大部分内容大体相同，但至"呜呼虽古名将何加焉"而止，缺末尾部分。《三朝北盟会编》载记王纶撰墓志，缺石本开篇叙述吴玠去世过程的部分，末尾却有胡世将与吴璘论吴玠用兵等内容。这就造成了胡世将撰、王纶撰及石本墓志三者之间关系的谜团。

《三朝北盟会编》又记载，张发在撰写《吴武安功绩记》时指出胡世将所撰吴玠行状及墓志的不足：

> 方其（吴玠）薨也，其长子未冠，二季尤幼。胡宣抚为行状，不询其子，使二旧吏立供。为之墓志又据行状而言，是以如是之不详。

这段话的信息量不小，特别是指胡世将在未经吴家邀请的情况下主动为吴玠撰写行状、墓志等，但所谓吴玠之子年纪尚幼的理由似乎站不住脚，毕竟吴玠去世时其弟吴璘已接过川陕军队的指挥权，吴玠神道碑就是吴璘邀请王纶撰写，王纶最后感叹吴玠"国之霖雨，惜乎不永"。

姑且不论胡世将是否绕开吴家自作碑状，从墓志的内容看，胡本开篇称"其弟璘与诸孤奉丧归葬于德顺军水洛城北原茔之次"，应该作于宋金第一次和议撕毁之前，又以"开府仪同三司赠少师"称吴玠，而未述及绍兴十年（1140）吴玠谥"武安"。

而王本墓志述及胡世将与吴璘论兵时称"后胡世将为川陕宣抚使"，与胡本墓志自称"命四川安抚制置使成都守臣世将访善医治疾"不同，当非同一墓志的误署，而是的确出现过两个版本的吴玠墓志。又据《吴武安公玠神道碑》，绍兴九年九月吴璘已邀请王纶撰写神道碑，王本墓志所增论兵又有明显吴璘因素：

> 后胡世将为川陕宣抚使，公弟吴璘适在军中，一日从容问公所以战，则曰："璘与先兄束发从军，屡战西戎，不过一进却之间，胜负决矣。至金人，则胜不追，败不乱，整军在后，更进迭却，坚忍持久，令酷而下必死，每战非累日不决。盖自昔用兵所未尝见，胜之之道，非屡与之遇者，莫能尽知。然其要在用所长、去所短而已。盖金人之弓矢不若中国之劲利，而中国之士卒不若金人之坚忍。尽吾长技，洞重甲，数百步外则彼固不能及我；据其形便，更出锐卒，与之为无穷以挫其坚忍之势，则我固有以制彼。至于决机两阵之间，变化如神，默运乎心术之微，则璘有不能言。"

因此吴璘很可能在胡世将之外又请王纶另撰吴玠墓志。

吴璘这么做自然是对胡本墓志有所不满，至于不满的具体原因已难以确定，或许是胡本过于仓猝而事迹不详、未及谥号，或许还有别的政治原因。但大致可以猜测，现存徽县吴玠碑，是吴璘综合胡世将、王纶两篇吴玠墓志而成，因此传世吴玠墓志实有胡本、王本及石本三个不同版本。

有意思的是，近年有学者重新讨论吴玠死因，因为《宋史》记载吴玠"晚节颇多嗜欲，使人渔色于成都，喜饵丹石，故得咯血疾以死"。现存史料中此说首见于李心传的《建炎以来系年要录》，更早出处虽不得而知，但《建炎以来系年要录》多参考官修史书。问题的关键不在于吴玠病因，而是如何记述涉及政治评判的问题。胡世将、王纶撰写碑志时以吴玠为西北长城，当时官修史书似不至于记述吴玠死于嗜欲。绍兴和议之前，岳飞遇害，韩世忠罢兵权，宋金防线上唯川陕战区的吴家将在吴玠之后又传吴璘、吴挺、吴曦三代，结果以吴玠的侄孙吴曦于开禧二年（1206）叛宋而告终。《宋史》将吴曦之叛与吴玠嗜欲联系起来，称：

> 然玠晚颇荒淫，璘多丧败，岂狃于常胜，骄心侈欤！抑三世为将，酿成逆曦之变，覆其宗祀，盖有由焉。

因此官方记述吴玠之死与嗜欲有关，恐怕是在吴曦叛宋之后的事情。

◆ 吴玠碑

二、苏州韩世忠神道碑

（一）杭州老德胜桥

同样是出身寒微、坚决主战的中兴大将，岳飞在身后升格为武圣、爱国英雄，而韩世忠知所进退以得善终。

韩世忠年长岳飞 15 岁，南渡前已在西夏前线及平定方腊的战争中立下赫赫战功，因生擒方腊而转为武节大夫，在靖康之际投奔河北兵马大元帅赵构时已是一名中级将领。靖康元年（1126）十一月，宋徽宗第九子赵构本来奉命往金营乞和，途径磁州（今河北磁县）时得知金军南侵，便不再前行。这时知相州汪伯彦请赵构前往相州（今河南安阳），并亲率军队迎接。闰十一月中旬，赵桓以蜡书诏任命赵构为河北兵马大元帅，汪伯彦、宗泽为副元帅，令他们急速率兵援救开封，岳飞就在这时再次从军。

十二月一日，赵构在相州就任大元帅，此时金军开始进攻开封城，赵桓再次向赵构求援。赵构率近万军队踏冰渡过黄河抵达大名府（今河北大名），并要求河北各州府军队前来会合。于是副元帅宗泽率军二千人，信德府（今河北邢台）知府梁显祖率部将张俊、杨沂中及三千军兵，刘光世、韩世忠也率所部，相继抵达大名府。至此，中兴四将已全部归到赵构麾下，重建南宋的赵构集团初步构成。

◆ 韩世忠墓神道碑碑亭外景

由此时至建炎四年（1130）的黄天荡战役之前，韩世忠在对金战争中并无胜绩，但因平定苗刘之乱时忠勇无比，建炎三年韩世忠已经建节（武胜、昭庆军节度使）并除浙西制置（守镇江），奠定了宋金战线上江淮战区主帅的地位。

韩世忠在苗刘之乱中表现突出，与对他有知遇之恩的王渊有关。韩世忠是陕西绥德（宋代绥德属延安府）人，32岁时随王禀从西北战场到东南平定方腊，期间与王渊相遇。据韩世忠神道碑称，两人在杭州北关的堰桥遭方腊军围攻，韩世忠在堰桥伏击，然后追至王渊舟前"斩首数级，师遂大克"，王渊赞叹韩世忠"真万人敌"，两人从此定交，韩世忠成为王渊的部下，堰桥从此被杭州人称为"得胜桥"。宋代的堰桥或"得胜桥"即今天京杭运河上的老德胜桥，连接着杭州长板巷与夹城巷两条小路。另据民国《杭州府志》，韩世忠在此掩击的是苗刘叛军，而非方腊的军队。

苗刘之变相当程度上是因为王渊而起。韩世忠随王渊投奔在大名府的赵构时，靖康之难尚未发生，宋钦宗赵桓对议和还抱有幻想。这时赵构一边命兵马副元帅宗泽南下开德府（澶渊，今河南濮阳）向开封进军，自己却撤到济州（今山东巨野）。靖康之难发生后，群臣拥立赵构，靖康元年五月（1126年6月），赵构在应天府（今河南商丘）称帝，改元建炎。赵构称帝后设立御营司，任命王渊为都统制负责皇帝新设立的这支禁卫军，《宋

◆ 杭州老德胜桥

史》称王渊因此"扈从累月不释甲"。

十二月金军再次南侵，宗泽依靠两河地区的数十万义军有效击退金军进攻，同时 24 次上《乞回銮疏》请求赵构返回开封，以号令抗金斗争。第二年宗泽又提出出师渡河计划，赵构置若罔闻，宗泽忧愤离世。得知宗泽去世的消息，金军大举南侵，追击赵构。继任东京留守杜充对河北义军采取敌视态度，官军分崩离析。建炎二年（1128）十二月，金兵攻陷东平府和大名府，知济南府刘豫降金。建炎三年（1129）初，金军先后打败韩世忠、刘光世的军队，破楚州（今江苏淮安），陷天长军（今安徽天长），十万宋军望风解体，金军推进到距扬州城仅数十里的地方。赵构仓皇渡江逃到镇江，金军因不便渡江，焚扬州而返。

从扬州保护赵构渡江撤退时，御营司都统制王渊对船只的分配出现混乱，更谈不上组织对金军的有效抵抗，事后更处置失当，引起其他将领强烈不满。又在王渊的主张下，赵构从镇江撤到杭州，不久王渊也从苏州来到杭州，赵构让王渊继续负责御营司。结果到三月，御营司武将苗傅、刘正彦发动兵变，捕杀王渊及内侍百余人，胁迫赵构将皇位禅让给年仅 3 岁的皇子赵旉，由孟太后垂帘听政，改元"明受"。

兵变发生后，韩世忠一方面被苗傅等授予捧日天武四厢都指挥使等职，一面得到在平江府（今江苏苏州）的礼部侍郎张浚联络勤王的消息。韩世忠自盐城收集散卒数千人往平江与张

◆ 镇江宗泽墓

浚相会，首语"我便去救官家"。不过韩世忠誓杀苗、刘二人的另一个重要原因显然是为"识世忠于微时，待之绝等"的王渊复仇。韩世忠请求赴行在杭州，竟获得苗傅同意。韩世忠自平江率三十里船队先抵秀州（今浙江嘉兴）营造武器，苗傅派人带走韩世忠妻梁氏及子为人质。右丞相朱胜非对苗傅说，可以让梁氏到秀州劝韩世忠归顺，苗傅又一次同意，事后苗、刘对各路勤王军汇聚秀州感到恐慌。四月初赵构已经复辟，韩世忠发兵自临平进入杭州见到赵构，苗、刘等人皆遁走。赵构诏除韩世忠为武胜军节度使，韩世忠请求朝廷赐地厚葬王渊，不遗余力地照顾王渊家人，又请求由他继续追捕苗、刘等人。五月，韩世忠降苗傅、擒刘正彦，七月还至建康（今南京）亲斩苗、刘诸人于市。

（二）凤凰山"忠实"题刻

苗傅、刘正彦伏诛之后，韩世忠除武胜、昭庆军节度使，赵构御书"忠勇"两字以赐，其妻梁氏也被封为护国夫人。韩世忠妻妾有白氏、梁氏、周氏、茆氏等，除结发妻白氏卒于苗刘之变以前之外，其他梁、周、茆三氏皆是娼妓出身，其中周氏原是知秀州赵叔近之妾，为王渊所得后赠予韩世忠，茆氏本是杭州名妓吕小小。

梁氏就是清代戏曲小说中赫赫有名的巾帼英雄梁红玉，宋代文献没有出现"红玉"之名，但宋人笔记中有韩梁姻缘的传说。韩梁相识应该在韩世忠平定方腊之时，罗大经《鹤林玉露》称梁氏有一次进入镇江官府庆贺节日，忽然见到殿柱下"一虎蹲卧"。梁氏惊骇而出，待人多时再视却是士卒韩世忠，于是主动邀酒、尽欢结纳。当然这是小说家言，平定方腊时韩世忠已是赫赫武将，绝非廊下兵卒。

自古英雄配美人，韩梁风流千古的是战场传奇，而非风月之事。梁氏第一次载入史册是苗傅兵变时机智勇敢的表现。平定苗、刘兵变后，在群臣的请求下，赵构由杭州移跸江宁府，并派使臣北上求和。使臣还在途中，金朝以完颜兀术为统帅再次南侵，由归德（今河南商丘）急速南下，准备南渡长江追击赵构。赵构仓皇乞和，致信金军统帅称"天网恢恢，将安之耶……惟冀阁下之见哀而救"。金军不予理睬，赵构由建康经镇江、平江府逃往临安府、越州（今浙江绍兴）、明州（今浙江宁波）、定海县（今浙江镇海），渡海至昌国（今浙江定海）、台州（今临海）。金军一路追击，直至入海300余里遇风暴退回明州。赵构自海上返回温州江心屿，避居江心寺，数天后才敢登岸。

金军因战线漫长，无力再战，一边撤军一边焚城掳掠，明州、临安、平江等地均遭浩劫。建炎四年（1130）正月，完颜兀术从平江府撤军，准备在镇江渡江北上时，宋将韩世忠率八千水师，在镇江焦山寺附近的江面拦截十万金军，将金军水师逼入建康东北70里处的死水港黄天荡，先后相持40余日。金军掘开老鹳河故道通秦淮河，以火器击退韩世忠水师后撤退，此后金军未再渡江。史籍记载黄天荡之役"梁夫人亲执桴鼓"，今天杭州老德胜桥处纪念韩世忠，并无方腊、苗刘之变的痕迹，一组铜像表现的正是黄天荡之役韩世忠立马骑射、梁氏击鼓退兵的英武形象。

黄天荡之役后，岳飞击溃从陆上撤退的金军，收复建康。此后宋金反复交战，岳飞收复襄阳等六郡后驻守荆襄，吴玠在仙人关大捷后驻守川陕，韩世忠获得大仪镇（今江苏仪征）战役的胜利后驻守两淮，此三人成为宋金防线上的三大主帅。绍兴十年（1140），金军撕毁和议再次南侵，岳飞反击并深入收复河南诸多失地，韩世忠在两淮战区多次击败金军，于是赵构与秦桧加紧求和，并决意解除抗金主帅兵权。绍兴十一年（1141），韩世忠先罢兵权而任枢密使，再罢枢密使而为太傅，并在痛斥秦桧议和误国无果之后自请引退。得知岳飞将被赐死，韩世忠责问秦桧"莫须有三字何以服天下"，此后闭门谢客，纵游西湖。

绍兴和议始成，赵构从此偏安杭州。传说南宋皇城所在的杭州凤凰山麓"忠实"两字题刻是议和五年后赵构御书，这时赵构忙于核定太学生员的名额，南宋又是一派太平景象。

（三）苏州中兴佐命定国元勋之碑

岳飞遇害后第十年（绍兴二十一年，1151）的秋天，韩世忠"薨

◆ 杭州老德胜桥附近韩世忠、梁氏雕像

◆ 杭州凤凰山"忠实"题刻

于临安府之赐第"（今天杭州市武林路的万寿亭一带）。韩世忠去世后，赵构"降旨临奠"，魏国夫人茚氏以道路窄隘上疏辞免（其实韩府在御街所经之地）。韩世忠葬于苏州灵岩山西麓，不知为何浙江的湖州与临安两地也称有韩世忠墓。

南渡以后韩世忠在平江府（苏州）广置田宅，葬于苏州不但史有明载而且理所当然，不过苏州似乎不怎么待见这位韩忠武王。2019 年 12 月 20 日吴中区检察院向吴中区人民法院提起行政公益诉讼，状告苏州市吴中区文化体育和旅游局（吴中区文物局）不履行文物保护监管职责。2020 年 3 月 24 日吴中区人民法院公开审理此案，判决确认吴中区文旅局未依法履行文物保护监管职责的行为违法，自判决生效之日起三十日内对韩世忠墓、碑所属韩蕲王祠后院被他人占用进行违法建设（硬化地面、挖掘水井、铺设道路、搭建水泥房、鸽子棚等）的行为履行监管职责。无怪乎我与老沈 2017 年 4 月寻访韩世忠墓、碑时，非但韩蕲王祠是破败废弃的模样，作为重点文物保护单位韩墓四周竟然毫无标识。我们一直爬上灵岩山顶仍无处寻觅，最后瞎猫抓死耗子，从无名道路拐进一处公墓才与韩世忠墓不期而遇。在吴中区文旅局被判决对韩蕲王祠监管失职的有关报道中还发现，不但韩蕲王祠废弃已久，其后院自 2003 年出租给个人种植盆栽，而且号称"天下第一碑"的韩世忠神道碑"垃圾环绕、被坟头包围"。更有甚者，由于沿路无指示牌，游人无处寻找

◆ 苏州韩世忠墓

韩墓，当地村民竟打起了"生意经"，要求付费带路找墓。

这篇报道的最后还援引戈春源教授的介绍，指韩世忠葬于灵岩山可能与"领军长期居住苏州，韩府曾设置于苏州城内的沧浪亭"有关。在苏州，不但沧浪亭被韩世忠占有而改称韩园，韩世忠还曾获赐朱勔的南园及陈满塘官地1200亩，又在私宅修建楼阁专门收藏受赐御书，赵构甚至打算御书阁名"懋功"。虽然如此，但韩世忠领军时驻地主要在楚州（今江苏淮安）与镇江两地，绍兴和议后虽解除兵权，却始终有职务在身，因此闭门谢客而纵游于杭州西湖山水之间，似乎很少有机会回到苏州私宅品味园林奥趣。

韩世忠曾经多次在苏州出现，但未必给苏州人民留下美好印象。建炎三年（1129），赵构从扬州渡江时曾在苏州停留三日，再至杭州时就把御营司都统制王渊留在苏州，《宋史》记载王渊在苏州时整修兵器，"戎器全缺，兵匠甚少，乞括民匠营缮"。王渊随后赴杭，不料引发苗刘之变，韩世忠赴苏州与张浚等会商后起兵往杭州平定兵变。苏州于是成为平叛的根据地，知平江府汤东野负责后勤支援非常得力，"百须，东野实主之"，这势必让苏州民众承受巨大压力。苗刘之变平定之后，金军再次南侵，赵构逃亡海上。金军撤军时韩世忠以黄天荡之役一战成名，但宋军并未保护苏州，苏州民众惨遭金军屠戮，城内外收尸几近三十万，金军又从苏州裹胁男女青壮十万北上，成为苏州历史上的空前浩劫。金军北撤后，宋军进入"一屋不存"的苏州城，仍执居民以搜财物。沧浪亭应该是在这时归韩世忠所有，苏舜钦之后沧浪亭的主人章惇虽被指为"奸臣"，但有史籍记载韩世忠占据沧浪亭的过程：

> 绍兴初，韩蕲王提兵过吴，意甚欲之，章殊不悟，即以随军转运檄之，章窘迫，亟以为献，其家百口，一日散居。

绍兴六年（1136）赵构再次驻跸苏州，就多次在韩世忠重修的沧浪亭内议事、聚饮，其中一次在沧浪亭"后圃置酒七行"。

韩世忠下葬时，为韩世忠撰写墓志铭的是为宋钦宗起草降表的骈文大家孙觌。孙觌在墓志铭中描述韩世忠解除军权之后的生活：

> 国恩粗报，奇矣归休。奉身而退，以老蒐裘。大雅君子，明哲是保。一马二童，担夫争道。

在秦桧仍然当权的时代，孙觌一语"大雅君子，明哲是保"不但道出韩世忠晚年的真实处境，更表现出孙觌之流文臣对武将的认同方式。

但韩世忠墓前原本没有高大的神道碑，直至淳熙三年（1176），北伐意志已经消沉的宋孝宗赵眘突然忆及中兴勋臣，称"韩世忠感会风云，功冠诸将，可特赐谥忠武"。这时距韩世忠去世已经二十六年，除了获赐与诸葛亮、郭子仪同样的谥号外，韩世忠之子韩彦古也看准机会，请求御撰韩世忠神道碑。孝宗于是诏赵雄撰碑，周必大书丹，又御书碑额"中兴佐命定国元勋之碑"。该碑原高8米有余，碑文13900余字，有"天下第一碑""万字碑"之称，据说真正竖立于韩墓之前已是嘉定年间（1208—1224）。1939年5月，韩碑为飓风吹倒，碑石碎裂成十余段。七年之后灵岩山僧人妙真邀集地方人士及韩氏后裔用水泥将断碑浇合成两段。

神道碑对韩世忠解除兵权之后的描述，在"明哲令终"之前增加了"王之论和，忠愤激烈，利害皎然，黑白区别。圣主俞之，权臣仇之"等坚定主战的描述，也第一次出现了韩世忠质问秦桧以莫须有之罪杀害岳飞何以服天下的情节。神道碑还描写韩世忠的出身：

王起寒素，饭糗衣纻。出际盛时，蛟龙云雨。

史籍记载，韩世忠显贵之后，与将吏骑马郊游时，常喜欢"坐于浅草中"，又"语急而声厉，每言出则吐舌"，因此有蛇精转生的说法，这也是神道碑中"蛟龙云雨"的出处。也就是说二十六年后，韩世忠在文人心目中的形象由"大雅君子"转变为转世蛇精，这其中是多少世态情伪、人心厚薄。

◆ 苏州韩世忠神道碑

三、庐山岳母墓

（一）相公河北一农夫耳

2018 年 4 月的庐山之行，我们特意寻访了岳母墓。绍兴七年（1137）四月，岳飞因宋高宗对由其淮西并兵事出尔反尔，愤而自解兵权，步归庐山为母亲姚氏守墓，岳母墓就是这一事件的历史现场。岳飞怒上庐山的原因，当时还有不同的记载，熊克《中兴小历》称岳飞与张浚议论不合，还有《岳飞传》称此时正值秦桧独相之后求和，但时间都不符合，已为《建炎以来系年要录》明确否定。

岳飞的母亲姚氏去世于前一年的三月，当时岳飞已经先后收复襄阳六郡、镇压杨幺起义，并开始准备第二次北伐，长驱伊洛。但母亲去世后，岳飞未等朝廷批复，便扶护灵柩往庐山葬母，又连续上表请求为母守丧三年。朝廷连续降制起复岳飞，命令当地官员、将佐等反复请求岳飞视事，高宗还"亲札慰谕，又累诏促起"。五月，岳飞回到襄阳，七月起兵北伐，收复商、虢等地，终因孤军无援、粮草不继而退军。第二年岳飞赴平江、建康扈从高宗，官拜太尉，岳飞请立皇储、高宗对岳飞整编刘光世军队出尔反尔等事就发生在这时。

高宗对岳飞私上庐山非常不满，对岳飞部将李若虚、王贵下达死令，如不能请岳飞下山，就与岳飞一同按军法处斩。李

◆ 庐山岳母墓

若虚等人苦劝六日，最后对岳飞哀告说，相公原来不过是河北一个农夫，难道真的想造反吗，如果执意拒绝复职，那我们甘愿受死，也就没有对不起相公的地方了。

岳飞不得不到临安向高宗待罪。高宗对岳飞说，你之前的奏陈太轻率，但我很信任你，也没有生你的气，真的触法军法自当处罚，但我决定恢复你的军职，并把恢复中原的重任交给你。

这一幕被秦桧看在眼里，他相信岳飞与高宗的关系已经破裂了。

（二）岳母刺字

今天的岳母墓占地甚广，主要建筑是 1996 年岳母逝世 860 年之际由江西省按"贤母"主题构建的纪念场馆。岳母祠内岳母塑像上悬挂"母仪万世"牌匾，陈列中最显著位置的是"千古母范""伟大的母亲""母教传千古，美德励后人""母教典范"等题字。对岳母事迹的呈现，除了广为流传的岳母刺字塑像，还有岳母手把手教幼年岳飞习字的壁画。

曾几何时有中华四大贤母（孟轲母、陶侃母、欧阳修母、岳飞母）之说，又因为其中的陶侃、欧阳修、岳飞均与江西有关，江西九江还于 2011 年兴建了占地 1100 亩的中华贤母园。不过王曾瑜先生早已指出，岳母应该并不识字，刺字更是专门手艺，并非普通妇女在家中所为之事。岳母刺字的故事非但宋代文献中没有，最早出现已晚至清康熙年间的《如是观传奇》。《宋史》

◆ 岳母祠

记载岳飞背上确实刺有四个大字，并在受审时"祖而示之"，不过四字是"尽忠报国"而非"精忠报国"。

置于今天中产阶级对亲子教育极度焦虑的背景中，虚构的岳母刺字、教子习字的情节更像是功利主义及"鸡娃"式教育观的体现，名将的成长之路更应该理解为岳母没有束缚岳飞天性的结果。当然这也是强作解人，事实上岳飞最初的工作是在权贵家中打零工（佣耕）、在市场上当保安（游徼），实在走投无路，才应募充当军队中没有编制的、危险的临时工（敢战士）。这些职业大概会让今天的母亲们肝肠寸断，如果不是发生悲惨的靖康之难，岳飞或许没有多少社会垂直流动的机会，很可能沦为失败者与社会边缘人。

（三）母沦陷河朔

崇宁二年（1103），也就是宋徽宗与蔡京立起元祐党禁碑的那一年，已经三十六七岁的姚氏在今天河南安阳汤阴生下第五个儿子岳飞，不过因黄河决口，姚氏抱着尚未满月的岳飞在巨瓮中漂流的故事也是子虚乌有。据说岳飞的家中本来也有瘠田数百亩，有过比较殷实的生活，但可能是天灾人祸，岳飞年龄稍大便不得不背井离乡出外谋生。

岳飞接受过严格的技击训练并粗通文墨，这对于不准备参加科举的农家子弟而言是非常合理而充分的教育程度。岳飞早年两次参军，宋金战争爆发后，岳飞的军队于靖康元年被打散，

◆ 岳母刺字塑像、壁画

他回到家乡交待家事，然后投入到康王的军队中。康王就是后来的宋高宗赵构，岳飞这一次从军便与家人失去联系，临走时他交待妻子刘氏照顾老母与幼子岳云、岳雷。

赵构的军队一直南逃，中原经历持续的战乱，与岳飞失联后，刘氏一人无力照顾老小，不得已改嫁他人，岳飞费尽周折，才将老母与幼子接到军中。

岳飞接回母亲与幼子，刘氏却早已改嫁，岳飞一边派人给刘氏送了三百贯钱，一边向朝廷报告实情，以免"有弃妻之谤"。等到金军连续攻破建康、临安，高宗亡命海上前后，岳飞又续娶了比他大两岁的李娃为妻，并又生岳霖、岳震、岳霭三子。

所以岳母去世时，岳飞对高宗说，我跟随陛下渡河，我的母亲却沦陷于河朔，我派人十八次进入敌境才寻访到母亲，虽然接到军中，母亲却惊悸致疾，从此长期病患。我因为战事从未有一天在母亲身边奉侍汤药，现在母亲去世，每次想到这些就觉得生不如死，所以希望陛下能同意我为母亲守孝三年。

（四）岳忠武王妃李夫人墓

绍兴十一年（1141）十二月二十九日，岳飞、岳云父子及张宪遇害，事后炮制的判决书最后一段称，"岳飞、张宪家属分送广南、福建路州军拘管，月具存亡闻奏"，岳飞、张宪的家业也被籍没入官。于是岳飞续妻李娃带着幼子在岭南生活了二十余年。直到绍兴三十一年（1161）完颜亮再次南侵，宋廷

◆ 岳母像

重新组织抗战，宋高宗下达一道诏令解除"蔡京、童贯、岳飞、张宪子孙家属"羁管，李娃这才带着儿子北归回到江州（今江西九江）家中。第二年高宗索性将皇位传给宋孝宗赵眘，宋孝宗就是当年岳飞奏请立为皇太子的赵伯琮，他对坚持抗金的岳飞十分敬重，即位后便下令追复岳飞官职。

隆兴元年（1163），经岳飞的孙子岳甫奏请，宋廷归还岳飞生前在江州所置产业，又过了十五年，宋廷确定岳飞的谥号为武穆。这时楚国夫人李娃已去世两年，安葬于距岳母墓不远的太阳山。嘉泰四年（1204）岳飞被追封为鄂王，宝庆元年（1225）岳飞又改谥"忠武"，因此李娃墓也被称为岳忠武王妃李夫人墓。

岳飞遇害后，遗体被狱卒隗顺偷出，葬于钱塘门外九曲丛祠旁，假称"贾宜人坟"。宋孝宗为岳飞平反后，宋廷寻访岳飞遗体，隗顺之子告知官府，于是起岳飞枯骨于九泉之下，以一品官之礼改葬于杭州栖霞岭南麓。1979年重修岳飞墓时出土两具石俑当即南宋遗物。岳飞子孙又奏请以显明寺为岳飞功德院，结果因另有功臣停灵于显明寺而作罢。

此后五十余年岳飞墓始终没有功德寺，直至嘉定十四年（1221），岳飞孙子岳琦乞朝廷赐岳飞墓邻近的下智果寺充岳飞功德寺。虽然朝廷赐额"褒忠衍福禅寺"，但当时寺内十分破败，岳琦自行出资也不过修成几间住屋。直至岳飞曾孙岳通在咸淳三年（1267）年重建，岳庙始成规模，这时蒙古军已开始进攻当年岳飞收复的襄阳，距南宋彻底灭亡不过十余年时间了。元明期间，岳庙屡毁屡建，其中以明景泰年间（1450—1457）杭州府同知马伟主持的重建规模最大，朝廷又赐额"忠烈"。现在所知汤阴最早修建岳飞庙也是在明景泰元年（1450），至于九江岳母墓最早建祠已是正德年间（1506—1521）。清康熙、雍正年间（1662—1735）杭州知府李铎、浙江总督李卫的两次重修，奠定了杭州岳王庙今天的规模，"碧血丹心"石牌坊也由李卫重建。

（五）关岳合祀与民族英雄

岳飞的地位，似乎在中华民国的北洋时期达到巅峰，因为袁世凯于1914年通告全国建立武庙，并以关羽、岳飞合祀，岳飞由此获得武圣的地位。当时深入人心的岳飞文武双全、忠孝两全的形象，应该来源于清代的通俗小说《说岳全传》，岳母刺字的情节也由《说岳全传》第22回"刺精忠岳母训子"的演义而广为流传：

> 安人取笔，先在岳飞背上正脊之中写了"精忠报国"四字，然后将绣花针拿在手中，在他背上一刺……刺完，将醋墨涂上了，便永远不褪色的了。

及至1936年全面抗战前夕，河南省政府主席兼三十二军军长商震在汤阴县主持对岳飞的祭祀活动。同年时任国民党军事

◆ 杭州岳王庙岳飞像

◆ 冯玉祥"民族英雄"题字

委员会副委员长、第三战区司令长官的冯玉祥在杭州岳庙题写"民族英雄"四字，至今仍嵌于岳飞墓园白墙之上。

综观岳飞生平及身后的历史记忆，不难发现每次出现推崇岳飞的热潮，都意味着民族危机的再现，无论是完颜亮侵宋时宋孝宗平反岳飞，土木堡之变明英宗被瓦剌军俘虏之后兴建汤阴岳飞庙，还是全面抗战爆发之际冯玉祥在杭州岳庙题写"民族英雄"。至于北洋时期岳飞得以与关羽合祀于武庙，似乎是拜通俗小说《说岳全传》中虚构的文武双全的岳飞形象所赐。今天杭州岳庙中儒将风格的蓄须岳飞坐像、岳母刺字彩绘壁画，以及庐山岳母墓姚氏贤母形象的构建，无不保留着《说岳全传》的深刻烙印。本质上讲，岳飞在生前身后都没有逃脱为政治利用、被文人歧视的命运。在迷恋宋徽宗艺术成就的时代，岳飞庙愈显冷清、岳母墓几近荒废，似乎也是情理之中。只是哪个时代的经济文化成果，不需要坚强的武力来保卫呢？

◆ 汤阴岳庙

甬西访古：高桥

包伟民

　　我是浙江宁波人，宁波简称甬。父辈祖籍在宁波西郊，儿时跟随父母到西郊村落走亲戚，常听人说起附近有一个地方叫高桥，但从未去过。后来读书习史，以宋代史为主要研究领域，才知道明州高桥在南宋历史上有一段故事，于是就想着应该去"考察"一番。虽属乡邦，却也久未能如愿。今年春节期间，终于成行。

运河

　　"高桥"显然是以其桥之危耸高大，以形得名，平常多见。南宋明州当地就有两处高桥村，本文所说的甬西高桥属于清道乡，位于城西十五里，另外在城南五十里句章乡也有一个叫高桥的村庄，此村现在已不复存在，可能早已改名了吧。

　　甬西高桥本来或有其他地名，因桥成名后，原来的地名也就湮没了。此地后来经济繁盛，人口聚集，为甬西名镇。现在

◆ 1982年所立鄞县重点文物保护单位碑

高桥镇建制仍存，有地铁一号线连接城区，在高桥不远处的"高桥西"站就是一号线的终点站。镇区已经明显城镇化，不复远郊乡村旧貌。

甬西高桥的重要性，是因为它位于明州向西联络杭州、并进一步沟通中原的交通要道上。

浙东地区的开发，早期以钱塘江南岸的会稽山北麓平原为核心，形成了中心城市越州（今绍兴）。唐代中期起甬江流域发展加速，增置明州。此地虽然滨海，但是因为钱塘江海潮等原因，其与杭州之间的海运不便。从春秋时期起杭越之间就已经断断续续开凿内河水道，到西晋，西起钱塘江，东到甬江的完整运河已经形成，习称浙东运河。南宋设行都于临安府（杭州），明州为畿甸，经济文化发展加速，两地交通繁忙，浙东运河为干道，越发重要了。

不过浙东运河的构成略复杂。从杭州向东跨过钱塘江，均为内河水道，即现在的萧绍运河。从萧绍运河向东到明州城，中间却有约百里利用了自然河流余姚江。江河相连的两头，西为上虞的通明坝，经过此坝由河入江；东为明州城西的西渡堰，今名大西坝，经过此坝由江入河。明州城虽然位于三江口，沿江岸也设有码头，但是人员物资大多出于内陆，交通毕竟以内河为便，这就是浙东运河水路复从余姚江经堰坝入内河的原因。甬西高桥就位于运河由江入河的关节点上。

出明州城西望京门，有东西走向的河道，称西塘河，是城西交通干线，又称官塘河、漕河。沿塘河西行约十五里，是河与江相邻处，两水平行，江在河之北。有小河港从西塘河向北叉出，将江与河连接了起来，今称大西坝河。从塘河西来的船只向北折向大西坝河，前行约六七里到达其北端，就来到了大西坝（西渡堰）。原来大西坝北侧为泥坝，在余姚江涨潮之时，船只靠人力或畜力牵拉过坝，即可由河入江，进入浙东运河水系；或由江入河，进入宁波河网。南侧为水闸，控制河道水位，所以此坝兼具交通与水利双重功能。20世纪60年代末大西坝改泥坝为有轨电动过坝设施，南侧为水泥碶闸，近年随着公路交通发达才停用，2013年作为大运河——余姚江水利设施，被公布为国家重点文物保护单位。在其南端与西塘河交汇之处，横跨大西坝河耸立一桥，就是本文的主题——高桥。

石桥

现存高桥为清朝光绪八年（1882）重修的单孔石拱桥，据文物部门提供的资料，此桥全长28.5米，面宽4.68米，拱洞跨10.3米，孔高6.8米。桥孔顶端到桥面约六七十公分，桥总高约8.5米。桥孔东侧下沿筑有1米宽纤道，沿西塘河路折向大西坝河东岸陆路。桥额的两侧石匾所刻文辞，南作"文星高照"，北

◆ 从西向东眺望西塘河，右侧为供候潮留船之用的开阔水面，左侧桥洞下端就是从西塘河折向大西坝河的纤道

◆ 高桥

作"指日高升"，这当然是为迎合在这一水道上匆匆来往的官员与士子的心理之作。桥的保存状况相当不错。整个桥体中心窄，两头宽，呈菱形，给人以稳重雄伟之感。从桥堍拾阶而上，东33级，西32级；两边有栏板24块，间置双覆莲花望柱，东西桥堍各一对祥云抱鼓石，十分精美。

站在高桥之上向南看，西塘河在此处向南扩出不少，形成一片开阔水面，对岸到古桥西堍处筑了一条小坝，坝的北端有一体形略小的平梁石桥跨越西塘河。古来此河交通繁忙，行李舟车鳞集辐凑，想来当余姚江低潮、不便翻坝入江时，此处便可供船只停留等候之用。

沿西塘河北岸塘路就是明州城通往杭州的陆路要道，当年人们建高桥跨越大西坝河，就是为了接通东西向的塘路。据南宋《宝庆四明志》卷三《驿铺》的记载，高桥向东不数里有一个驿铺，称作景安铺，其所在地名叫马铺。从景安铺向西十五里是慈溪县的西渡铺，向东十来里就到明州的望京门了。所以，南宋宝祐四年（1256）吴潜（1195—1262）以前相的身份出判庆元府（明州），兼沿海制置大使，在任期间出西郊考察交通水利，见塘路桥梁损坏，于是下令修砌，共修塘路3660丈，桥22座，水沟5所，"为费夥甚"。高桥就是在那一次得到了重新修建。

不过从现状看，单孔石券的高桥虽然比较壮观，在江南现

◆ 大西坝南侧水闸　　　　　◆ 大西坝闸说明牌

存众多古桥中却也并不见得十分卓然不群。据宝祐年间（1253—1258）袁商所撰记文，此处原为木桥，宝祐四年（1256）十二月新建时，才"结洞为桥，纯以石"。据载新桥规模"高三丈三尺五寸，长九丈八尺，上下凡六十六级，洞阔三丈八尺"。宋代的太府尺"三一.二（厘米）可视为标准长度"（吴慧语）。按一丈十尺，则宝祐所建高桥高 10 米有余，长 30 米有余，桥洞宽近 12 米，看来的确比光绪年间（1875—1908）重建者高且大出不少。两侧台阶"上下凡六十六级"，与今桥只差一级，估计是每一级石阶的尺寸都要大一些之故。因此人们叫它"高桥"，是有道理的。

当时吴潜之所以不吝工本，将高桥建得"雄俊坚密，城内外诸桥可俯而视之"，一个重要原因当然是大西坝河官舟民船往来如织，唯有桥洞宽大才不致拥挤，也方便一些橹杆高耸船只的通行。

战功

不过，甬西高桥之所以受人瞩目，还另有缘故。据说南宋建炎四年（1130）正月，名将张俊（1086—1154）曾在此处迎战南侵的金兵，取得大胜。《开庆四明续志》卷二载："建炎再造，诸将戮力王室，战功凡十有三，而高桥为第一。"徐梦莘《三朝北盟会编》卷一三六也称"张俊败金人于高桥"。此事却与史实有出入。

关于建炎明州之战，各种文献的记载都有一些差错，唯李心传《建炎以来系年要录》所书不误。据其所载，建炎三年（1129）九月，在应天府（今河南商丘）继位后逃到扬州的宋高宗赵构得知金人再次南侵，兵锋已经逼近，又一路向南狂奔，十二月初五日（己卯）逃到明州，定议遣散众官，出海避敌。十五日（己丑）到定海（今宁波镇海）上船。二十二日（丙申）浙东制置使张俊到达明州，赵构希望他能够在明州阻挡一下金兵，而且当时也已经没有足够船只可以运载张俊所部，于是张俊遂留在了明州布防。三十日（癸卯），金将斜卯阿里与蒲卢浑秉完颜宗弼（兀术）之命，率精骑四千追袭赵构，在越州东关镇击溃宋军后，渡过曹娥江，一路追到了明州城下。张俊率部下在明州知州刘洪道的配合下，在明州城下与其激战，取得了胜利。李心传记其激战经过："（张）俊遣统制官刘宝与战，兵少却，其将党用邱横死之。统制官杨沂中、田师中、统领官赵密皆殊死战。主管殿前司公事李质率所部以舟师来助，知州事刘洪道率州兵射其傍，遂大破败之，杀数千人。"斜卯阿里等于是退兵，东撤到余姚，向宗弼请求增兵。

李心传认为："敌自入中国以来，未有一人敢婴其锋，至此而军势稍张矣。"《金史》卷八〇《斜卯阿里传》也承认阿里"至明州颇失利"。所以认为这次明州之捷为中兴战功之首，也不为过。不过当时张俊虽然一时取胜，却很清楚斜卯阿里所率不过是金人偏师，于是考虑退避，史载"虑其益兵复来，俊与守臣刘洪道俱避去"。

建炎四年正月初七日（庚戌），"金人再至明州"，张俊与其再战，双方交战之处正在高桥。按高桥为河网地带，虽然不利于金人骑兵的冲袭，但张俊率部离开明州城墙防御工事十余里，在此处迎战，也不合常理。这次战事之所以发生在高桥，合理的解释应该是当时双方都必须利用运河的交通之便。金人骑兵虽然可以经陆路快速运动，但在江南水乡，其辎重仍不得不靠船只来运送。张俊率部"避去"，南下追随已逃到台州的赵构，也须先利用运河，然后再折向南下。但他大概没有想到金人能够在败退数天之后马上增兵折返，于是双方才在高桥相遇，发生了一场遭遇战。

对于这场遭遇战的胜负，宋方文献语焉不详，只是记载"战数合"之后，张俊"虑其济师，遂托以上旨扈从"，第二天率众南逃台州，看来显有讳言其战败之嫌。《金史》则明确记载"败宋兵于高桥镇"，只是将高桥之战记在了明州城下之战的前面，次序弄颠倒了。高桥取胜后，"金人乘势屠明州，存者无几"，显然也有要报复数日前战败的原因。

有意思的是，在此后宋人的记忆中，无论是书写还是民间

◆ 从大西坝眺望余姚江对岸

记忆，不仅讳言、淡忘了张俊的高桥之败，而且将他起初取胜的地点从明州城下移植到了高桥，使其在高桥之战"转败为胜"，于是才有了所谓"战功凡十有三，而高桥为第一"的说法。明州民间甚至还将历史故事与地方特产蔺草结合到一起，演绎出了张俊率部以草席置地滑倒马蹄、大败金兵的故事。宝祐四年吴潜修桥时，同时还修缮了其旁的高桥寺，并在寺的西侧新建一庙，"肖循王像而祠焉"，专门祭祀张俊，"见者起敬，岁时秩祀，著为常典"（《开庆四明续志》），更是将这种错讹的历史记忆官方化了。这究竟是因为当时张俊向朝廷瞒报战状所致，还是人们以为在高桥而不是州城之下战胜金兵更富戏剧性，就只能留给后人去思索了。

历史记忆从来都是主观的，无论是由文本、还是由物质化的历史遗址所传递的信息，都是如此。有的时候了解形成那些历史信息状况的复杂因素，比单纯追索信息的真实性，更具挑战性。

2021 年 7 月 25 日上午 烟花台风登陆前夕于定海

访堰·问渠：通济堰与碧湖平原

傅　俊

　　碧湖盆地，人们通常称碧湖平原，位于浙江省西南部括苍山、洞宫山、仙霞岭山脉之间，现属丽水市莲都区，是丽水地区的主要产粮区。它像一片狭长的树叶，被置于山岭丘陵间，由西南向东北略倾斜。

　　踏上这片土地，放眼望去，阡陌纵横，一片平野沃壤。可是，找块肥沃的地，往下挖两米，可能会发现底下是大片的砂砾石或沙子。瓯江主干流大溪由西南至东北贯穿其间，支流松阴溪（也叫松荫溪、松阳溪或松溪）自盆地西南汇入大溪（龙泉溪或龙庆溪），西北侧又有泉坑（也称谢坑）、岑源山溪、白溪等大小山溪，水系交错，也把河山之间难得的平地打得支离破碎。这里原本是一片河漫滩、一片泛滥原。在此间经营田地，既"无深陂大泽以御旱"，又易泛滥成汪洋。各类记载或记忆，以及今日的地方表达，反复告诉人们——山好水美的地方，并不天然就是理想的家园，青山绿水，曾是穷山恶水。

　　碧湖平原能成沃野，其主要命脉在乎通济堰。然而，在表

◆ 松阴溪滩，2016年拍摄于堰头村

◆ 碧湖平原，2021年航拍

达一致的"重要"信息以外，更令人着迷的，往往是那些"不重要"的人和事。

堰在途中

通济堰的主体工程位于丽水市区西南约 25 公里的松阴溪上，在整个碧湖平原的制高点，以拱形低坝南北横截松阴溪。顺流往东南方向 1 公里左右，便是松阴溪与大溪的汇合口。如今，这里是丽水市区附近的热门景点，无需费劲去寻，50 省道路旁多处可见醒目的旅游指示牌——"古堰画乡"。

两次探访通济堰，我走的正好是相反的路线。

2016 年的初秋，从温州出发，经丽水市区，往西南沿大溪逆流而行，过九龙、资福、碧湖、周巷（即周港），至保定（即宝定），自保定码头折向西北溯松阴溪而上 1 公里左右，即见堰坝。逆溪流继续朝西北方向蜿蜒前行，可达松阳县。

隋文帝开皇九年（589）前，丽水这片土地隶属松阳县，人们若需要去县里办点事，无论水路、陆路，大多沿着溪流山谷蜿蜒进城。丽水城东北方向的好溪，当时还被人们叫作"恶溪"，沿大溪转松阴溪的水道、陆路不仅是去往松阳的交通线，也是人们北上远行的重要路线。有学者说，"这条路线就是溯先民之路而上，走出瓯江流域的一条道路"①。溪流沿岸因冲积物堆叠成了盆地外沿，加上人们陆续加固夯高，逐渐成了"高路"。靠近水流又临要道的地方，成了人们理想的定居地。明代以来的诸多史志都认为，唐初丽水县治在今县城西南 35 公里的资福，临大溪西岸，但相关可佐证的史料很少。大约是丽水县省入括苍后，资福渐渐淡出记录者的视野，仍常唤起人们记忆的却是资福寺。北宋熙宁十年（1077），处州所设商税税场，除州城及所属各县城外，尚有一处，就是保定场。而位于资福东北方的九龙，最晚在元丰年间（1078—1085）已设镇。南宋时期，出了州城，沿大溪，从白口、石牛，过九龙、资福、横塘、碧湖，至保定，这条路称作"官路"，刚好将盆地边缘近溪流的聚落串起。自保定折向西北，两山间的河谷变窄，前方不远即入松阳界。修建通济堰坝的地方，原属松阳县境，其大坝南北两侧的田山也归松阳管辖。大堰初创时，堰头还未成村。这里划归丽水县，已是 20 世纪 60 年代的事情。历史上的通济堰，是在松阳境内建坝，拦截松、遂之水，灌溉丽水西乡之田。前前后后主持修堰的父母官们，出处州城，前往通济堰，或视察，或督工。对州官来说，皆为治下之地；对于丽水县的父母官而言，却算跨境办公。

---

① 邹怡：《丽水市莲都区的古道遗存及其在浙闽通道变迁中的位置》，《历史地理》第三十八辑，第 205 页，2019 年。

◆ 碧湖平原，2021年航拍

◆ 沿松阴溪逆流而上，2016年拍摄于道中

州县之间有形无形的界限，并不会阻挡人们奔波谋生的脚步。南宋绍熙年间（1190—1194），丽水商人王七六，出了保定，或许曾驻足通济堰坝，由此入松阳界，经遂昌，到达金衢盆地，在衢州、婺州之间卖布为生，只是未曾想客死异乡，无缘归途。千百年来，定居于丽水的人们，来自他乡的商旅，不知有多少人，路过通济堰，往松阳，出遂昌，达金衢，北上、南下、西进，前往更远的地方。

2021年，又一个初秋，我从杭州出发，经龙游，由松阳沿松阴溪顺流方向前行，过堰后圩，拐弯即是堰头村，从省道旁的村口往南，村路的尽头便见通济堰大坝。

隋文帝开皇九年（589），朝廷分松阳县东乡单设栝苍县，同年新置一州，那就是处州。从此，松阳的官员百姓心目中多了座新州城，行旅于松阳至处州间的身影也越来越多。乾道四年（1168）五月，范成大在都城临安陛对后，于七月赴任知处州，八月才抵达，途中水路、陆路辗转切换，部分路线应该与我此番旅途重叠。在漫长的历史时期，汲汲于生计的人们，从松阳顺水流而下，或舟行，或陆路，去温州、去福建，入江、入海，正是这个走向。

在过去，尤其是山区丘陵地带，坐船走水路，比起陆上车马劳顿要轻松便捷得多，更遑论竹杖芒鞋步行。北宋大文学家曾巩的妹婿关景晖，于元祐年间（1086—1094）知处州，其任

◆ 松阴溪与通济堰坝，2016年拍摄于堰头村

◆ 松阴溪，2021年航拍

◆ 松阴溪汇入龙泉溪，2021年航拍

上最为人称道的功绩，便是治理瓯江流域的航道。无论从丽水往松阳，抑或从松阳至丽水，通济堰坝都横截于溪流之上。堰坝即使给行船留了个缺口，带来的阻碍与烦扰仍毋庸置疑。轻船小舟还好，若船重大，则往往不得不卸下货物，靠人力或畜力牵行过塘。范成大修订《通济堰规》，即有专条规定，通船往来，需由堰匠看管。所有船缺，遇舟船上下，不得纵容私自拆毁堰堤。如果正当灌溉之时，即使官船也只能从沙洲牵过，不得开堰。然而，类似规定的出台，恰恰告诉我们，为行船便利而破坏堰堤的情况并不少见。对于水的需求，水运与灌溉之间的"结"，从来难解。通济堰屡修屡坏，最主要的原因恐怕并非水流自然冲刷，而是人为拆毁。

碑中旧事

据工程技术类的文献记载，通济堰是中国现存最早的拱形大坝，长275米，高2.5米，顶宽2.5米，坦底宽25米，堰坝北侧又有通船闸、冲砂闸、进水闸，以调节灌溉及舟行用水。而站在堰旁，映入眼帘的景观往往是裸露于外的大部分坝体，仅有北侧小半坝顶将将被溪水没过，流淌的溪水，在太阳的照耀下泛着银光，几只白鹭在其间踱步觅食。总之，双目所及的通济堰，很难让人产生"伟大工程"的震撼，给人的第一印象

◆ 通济堰坝，2021年拍摄于堰头村

◆ 通济堰坝，2021年航拍

◆ 堰上风光，2021年拍摄于堰头村

却是——风景真不错。若是远道慕名而来，想必也不冤枉。

作为一个景点，通济堰算得上中规中矩，若说游人"如织"难免夸张，但亦三两"不绝"。无论从哪个检票口进入，耳边都不时传来导游的介绍，"通济堰迄今已有 1500 余年历史，始建于南朝萧梁天监四年（505）……南宋时改为石坝……入选世界灌溉工程遗产"。代表官宣的导游词，倒也不是无中生有。宋以来诸多文献都有记载，称梁时有詹、南二司马，考察地理形势，在最合适的位置，"截水为堰，架石为门"，引松遂水入渠溉田。

又有一则故事，说梁有司马詹氏，最早筹谋造堰，向朝廷请示，朝廷又派了司马南氏"共治其事"。那年不巧，溪水暴涨，异常凶悍，修堰久久无法成功。直到有一天，得到一位老人的指点，"过溪北遇异物即营其地"。果然见一条白蛇"自山南绝溪北"，于是循着白蛇横绝的痕迹兴工，这才修成。

这则模模糊糊又带着神异"兆祥"色彩的故事，并非两位司马自己传于后世，也不是出自同时代人留下的记载，据说是出自北宋处州知州关景晖的一篇记文，而北宋传世文献并无此文。今日所见最早记录此文的是杵立在堰旁龙庙中的一块碑。此碑被安放在庙正中神灵塑像近旁最显眼的位置，碑高 190 余厘米、宽 80 余厘米，分上下两段。上段为流传甚广的《通济堰

◆ 保存于龙庙内的碑，2021年拍摄于堰头村

◆ 洪武三年（1370）重刻南宋《通济堰图碑》及《通济堰记》，2021年拍摄于堰头村

图》①，下段是《通济堰记》。

记文开头简单介绍了通济堰的基本情况：

> 去县而西五十里有堰曰通济，障松阳、遂昌两溪之水，
> 引入圳渠，分为四十八派，析流畎浍，注溉民田二千顷。
> 又以余水潴而为湖，以备溪水之不至，自是岁虽凶而田常丰。

表述虽不百分百准确，但已将通济堰的地理位置、水源、渠系、灌溉面积清楚地告诉人们。这样的文字进入今日研究者的视野，告诉我们一个"水利灌区"②最晚在北宋时已然形成。元祐七年（1092），通济堰渠损坏，丽水县尉姚希奉命修浚。第二年，知州关景晖率众前往视察，见堰旁有詹、南司马庙，破败颓坏，不知道所祀为谁。县尉姚希便向关景晖讲述了"故老"处询访得来的那则二司马修堰与"白蛇示迹"的故事。记文说，宋仁宗明道年间（1032—1033），有唐碑刻尚存，被大水冲走已数十年。为使二司马之功不至于因时间流逝而被人忘却，所以将庙宇修葺一新，并写篇小文记录这件事。文末还提到，在

---

① 关于该图的详情，可参林昌丈：《"通济堰图"考》，《中国地方志》2013 年第 12 期，第 39—43 页。

② 详参林昌丈：《"水利灌区"的形成及其演变——以处州通济堰为中心》，《中国农史》，2011 年第 3 期，第 95 页。

此次修堰渠之前，丽水知县叶温曳也曾悉力兴修。^①关景晖希望人们在纪念二司马之外，同样铭记叶、姚两位的功绩；也希望后来者都能仿效他们，以永保通济堰之利。

至于此文的来历，南宋绍兴八年（1138），丽水县丞赵学老在记文下方写了说明，说是他为了履行职责，在管辖境内搜集登记过往的水利资料，寻访于乡间耆老，幸而得获，也由此了解些许旧事。赵学老将通济堰相关设施、河流、渠系、湖塘、道路，以及沿途部分聚落、寺庙等描摹成图，与上述记文一起刻石成碑，立于司马庙。此外，又将姚希所制定堰规镂于碑阴。如今立于庙中的也已经不是原碑，所流传的《通济堰图》与《通济堰记》，其实是明洪武三年（1370）十一月丽水知县王弼、县丞冷成章等重立。不知道为什么，王弼等人并没有找块新碑石，而是直接刻在了元代叶现《重修通济堰记》的碑阴。这块碑于1959年与庙内十多方碑刻一起被运往温州江心屿保存，直至1988年运回。再立于庙中时，却反过来将碑阳朝里，碑阴朝外，或许是主事者觉得，碑阴所刻比碑阳的内容更值得被人们看见。而关景晖的记文被收录于后世府志、县志、堰志中，名为《丽

---

① 叶温曳知丽水县的时间当在宋仁宗明道年间（1032—1033），这是如今所知最早且有明确时间和主事人姓名的重修通济堰记录。据史志所载，明道年间处州确曾遭遇大洪灾。

水县通济堰詹南二司马庙记》①。南宋前期，"詹南二司马庙"
已被改名为"龙王庙"②，后世又称龙庙。

2016 年我初次探访时，庙正值维修，门上无额，仅有一块
小小的木牌立于庙内香案旁，题为"詹南二司马庙"。2021 年
再访时，庙早经修葺，门头匾额上书"龙庙"，与门票上的导
游图一致。而五年前那块破旧小木牌仍然在老位置静静地待着。

南宋以来，屡有修堰，有修则有访，有访则有记，有记则
必谈二司马之始创。只是，涉及首创的"梁"，渐渐成了"萧
梁"，又渐渐有了明确的时间——"天监四年"。然而，南朝
萧梁时，这一带尚属永嘉郡，隋开皇九年才分松阳县之东乡置
栝苍县，同年置处州，辖松阳、栝苍、永嘉、临海四县；唐武
德四年（621）松阳、栝苍同属栝州（后复名处州）。据史志记
载，唐代处州的户口数不到 13000 户；至宋初太平兴国年间（976—
984）也不过 2 万余户；至元丰元年（1078）则已达近 9 万户。
尽管中国古代的户口统计并不准确，且因不同时期的登记制度
有差别，前后相较未必合适，但可以肯定的是，隋唐至宋初，
丽水县的户口离繁盛还有一段距离。而从通常的地域发展历程
来看，靠近溪流的山麓、山间台地或盆地边缘，相较低洼地带，

---

① 或题为《詹南二司马庙记》。
② 地方史志中，亦有名其为"白龙庙"。后晋天福四年（939），松阳县曾
改名白龙县，二司马庙恰在松阳境内，两者之间是否存在关联，暂未可知。

◆ 詹南二司马庙碑，2016年拍摄于堰头村

◆ 龙庙，2021年拍摄于堰头村

是更为理想的定居点。以南朝萧梁时此地的人口规模，是否有必要且是否有足够的人力在大溪流上拦水建坝、挖渠引流，是颇令人生疑的。早前已有学者指出，碑中所记之"梁"非南朝"萧梁"，当指五代后梁（907—923），因吴越国奉中朝正朔，通济堰当修于五代吴越国时期。[①] 碧湖平原，由盆地边缘向低洼的中心地带逐步推进，发展的关键时期仍在宋代。

然而，无论古今，人们总是需要神圣又抽象的时间来为现实且具体的物质代言，通济堰初创的确切时间，若此"梁"非彼"梁"，前后相差四百年，想必不为人所乐见，不如就此打住。不管怎样，现如今作为"景点"的通济堰，最早不过是宋代的水工建筑物。

渠外乾坤

南宋孝宗乾道三年（1167）十二月，吴县人范成大重新被起用，出知处州。在此之前，他已被罢职超过一年半。假如从乾道四年（1168）八月到任算起，范成大在处州任上仅待了九个月左右，他被后人反复书写的政绩主要有两项：一是创设义

---

① 参鲁西奇、林昌丈：《宋代农田水利规章的结构及其成立——以处州〈通济堰规〉为中心》，载吴松弟等主编，《走入历史的深处：中国东南地域文化国际学术研讨会论文集》，上海：上海人民出版社，2011年。

役；二是修复通济堰。《宋史·范成大传》说他，"访故迹，叠石筑防，置堤闸四十九所，立水则，上中下溉灌有序，民食其利"。周必大为范成大撰写的神道碑，又说他议定砍伐大木横截溪流，使水位升高，与两岸的田平，又沿着溪流叠石岸，引水自流灌溉。乾道五年（1169）正月，范成大与军事判官张澈主持修复，三月完工。工程结束后，又重新厘定规约，由张澈立石刻碑，放在堰坝旁的龙王庙内，即《重修通济堰规》碑。此碑现与洪武三年（1370）重刻南宋《通济堰图》碑并肩而立。楷书碑额仍遒劲有力，但具体规约多已漫漶难识。清代李遇孙辑《括苍金石志》，将此碑绝大部分内容收录其中，题为《范石湖书通济堰碑》，后人也由此得以了解堰规大概。自"堰首"至"堰簿"，凡十九条，按语中提到，原刻还有"堰山"一条，因字迹剥落，已不存。关于堰规的条条款款，众多有心人作过梳理和解读，似乎没必要拾人牙慧。当我们将两块并肩而立的碑一同审视时，倒是也能体认到些许管理规约以外、与具体存在相关的水利世界。

通济堰的关键虽然在坝，而对于碧湖平原上的土地而言，核心却在"渠"。堰坝拦水，经斗门入渠，离堰头不远，即遇泉坑（堰图为谢坑）从山中泻下，横断渠身。北宋政和年间（1111—1118），由丽水知县王褆、助教叶秉心初创，邑人进士刘嘉补葺，建成石函，架于渠上，使山水从石函流向松阴溪。

◆ 《重修通济堰规碑》，2021年拍摄于堰头村

◆ 《重修通济堰规碑》（局部），2016年拍摄于堰头村

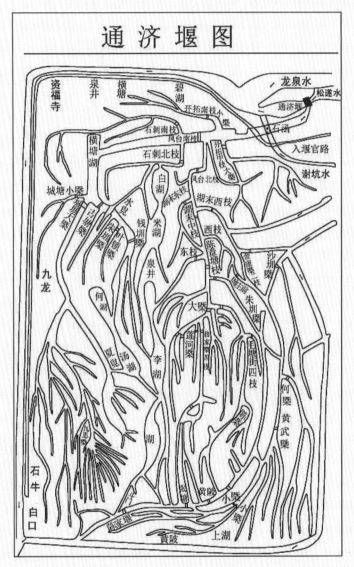

通济堰图

◆ 南宋初年通济堰灌区示意图，林昌丈据《通济堰图》碑石拓片绘，引自林昌丈：《"水利灌区"的形成及其演变——以处州通济堰为中心》，《中国农史》，2011年第3期，第97页。

《堰规》中的"石函"条，尤其强调防"沙石淤塞"，遇暴雨务必挑起石函斗门，以免沙石入渠。这座石函，被人称为是世界上最早的水上立交桥。而在众多游访者眼里，这处设施也是通济渠最吸睛的存在。渠水从石函下方穿过，在堤岸间缓缓前行。

《通济堰图》中的堰渠，自石函而下，至开拓堨，开始分流，大渠小渠相接，其间有堨相系，有湖塘相续。这些大大小小的水渠很容易淤塞，需要周围的田户"开淘"，还规定两岸不允许种植竹木。各处湖塘，不许人围作私田侵占种植。然而，与水争地，是古来未止的现象。如果堰图中水渠宽度的粗细、湖塘形状大小写实的话，南宋时的碧湖平原水域面积应当比现在大得多。不仅有人在田间求生存，亦有人在水上谋活路。

虽然绘成图的通济堰渠似乎已将周围的土地都串联成了一个整体，大小水渠穿梭其间的碧湖平原，像一片树叶，所有的养分都来自同一条主叶脉。但真实的自然天地间，看上去在一起的土地，却未必受同一条水系滋养。《堰规》中反复出现的"承利户"告诉我们，这并不包含在这片土地上的所有经营者。新拓展的聚落，可能需要想方设法延长或接续渠系分支，也可能需要另找水源；同居一村的"承利户"与非"承利户"，却并不共享用水之权；甚至同一户人家所耕种的土地，也未必都能承通济堰之利。在范成大的叙述里，靠近堰渠的田地，田主多数居于"附郭"，那些表面直接"承利"的田家，也不是完

◆ 入渠水闸，2016年拍摄于堰头村

◆ 在渠岸下的一溜甘蔗地，2021年拍摄于保定村

◆ 通济堰石函与三洞桥，2021年拍摄于堰头村

全意义上的受益者。

《堰规》中让人好奇的还有"脱落"的"堰山"。而这似乎还关系到南宋中期一位显赫的官员——处州人何澹，他最高的官衔是枢密院兼参知政事。范成大和张澈修复通济堰完工后，又专门备好左右山林为日后修堰所用，即"堰山"。《光绪处州府志》中有提及堰山的事，说原来每年春天维修通济堰，需要从堰山上砍伐"木蓨"用于拦水入堰，自开禧元年（1205）何澹筑成石堤，再也不用年年砍"木蓨"，何澹"请于有司"，此山便成了何氏物业，不再作堰山。方志的修撰者还说，"是则何氏因捐筑石堤，后据山为己有，遂除去堰山一条"。然而，在此之前的府县志也好，《通济堰志》也罢，只谈何澹"筑成石堤，以图久远，不废修筑"，却未提及占堰山一事。而对于筑堤这一大功绩，南宋留存至今与何澹相关的各类文献均未见有载，何澹本人留下的文字、南宋何氏家族墓已出土的圹志也都绝口不提。《通济堰志》引元至正四年（1344）《丽水县重修通济堰记》，是目前所见最早关于何澹修堰的文字。光绪《清源何氏玉雪宗谱》向后人讲述堰山归于何氏之来龙去脉，称因何澹修堰之功，朝廷将周围十余里山地拨赐何氏作为葬父之地。[①] 然而，

---

① 关于何澹与通济堰、堰山之"故事"，可详参邓小南《何澹与南宋龙泉何氏家族》（载于《北京大学学报》（哲学社会科学版），2013年第2期，第126—127页）。

据 1957 年出土的何澹嗣父何俌的圹志，早在淳熙六年（1179），何俌已葬于"处州松阳县惠洽乡堰山之兆"。何澹修筑石堤的详细情形，甚至究竟有没有筑堤，我们无从得知。但堤坝的存在，确实为附近需要往返于松阴溪南北两岸的人提供了方便。何澹去给父亲上坟，想必也会轻松很多。他"奉祠乡居"，回丽水躲事的那一年，刚好是开禧元年。何澹嗣父何俌与嗣母石氏、何澹自己与夫人朱氏、亲家王信夫妻以及何家多位子女均葬于通济堰附近，也确凿无疑。而何澹则成了今日民间文艺作品中为人津津乐道的"何丞相"。

2021 年再访时，龙庙大门口对联的上联，写着"何澹筑堰千秋颂"，紧挨堰坝修了座亭子，正中央放了尊石雕坐像，看了旁边立着的牌子，才知道原来是"何澹"。这些都是五年前未见的"新事物"。

当我们带着脑海中的图文，踏上彼时形形色色的人们曾经生活过的土地，在异时空展开的想象似乎可以无限多元。两次探访通济堰，对碧湖平原的探索却才刚刚开了个头。放下庙里尚未读完的碑，出龙庙，沿着水渠，从堰头村顺水流一路前行，穿过保定，到了周巷，到了魏村，却才将将走完灌区的"上源"主线。南宋以后，有关通济堰与碧湖平原更多的故事，还有待日后再细寻细品。几百年来，那些村庄、那些城镇、那些百姓、那些官员、那些乡下人、那些城里人，之间种种瓜葛，需要从时间中去梳理脉络，也需要在空间里去感知力量。

◆ 何澹塑像，2021年拍摄于堰头村

◆ 通济堰渠，2021年拍摄于周巷村外田间

南渡皇族：赵伯澐一家和他们的故乡

何兆泉

引子

2016 年 5 月，浙江台州黄岩前礁村意外发现一座宋代的夫妇合葬墓，墓主人是南宋皇族赵伯澐和他的妻子李氏。李氏墓早已被盗，而幸存完好的赵伯澐墓，出土了全套华美宋服（图 1）以及南唐李昪称帝时代的投龙玉璧（图 2）等珍贵文物，很快引起全国关注。当年 9 月，杭州 G20 峰会期间，赵伯澐的一件"交领莲花纹亮地纱袍"作为中国"丝路霓裳"的代表服饰亮相展出，一时举世惊艳。

徜徉在黄岩老城四周的官河古道，如果我们将目光从"物"重新转移到"人"，穿越回历史中的"人"曾经生活与挣扎过的时空场域，那么，关于赵伯澐家族如何从中原徙至江南，终于在浙东滨海地域落地生根、瓜瓞绵延，或许也是一段值得去钩沉的南宋往事吧。

◆ 图1 赵伯澐墓出土宋代服装（黄岩博物馆提供）

◆ 图2 赵伯澐墓出土南唐投龙玉璧（黄岩博物馆提供）

皇亲贵胄

回忆南宋，还要从北宋说起。

吸取唐代"安史之乱"和五代十国更迭分裂的历史教训，赵宋王朝开始全盘整顿，重建秩序。宋人深知权力这把双刃剑的利弊。朱熹就说，"权重处便有弊"，宗室权重，则宗室作乱，外戚权重，则外戚作乱。既然如此，新王朝就惩前毖后，创制出一套以维护稳定为上、防范权重之弊的"祖宗家法"，且在实际政治运作中往往采取柔和而机变的灵活方式，别开生面。譬如说，用荣华富贵这样的利益实惠，来交换并补偿武将手里令人忌惮的兵权，和平解决所谓"枪杆子"问题。

皇亲子弟的身份当然又更特殊。生长帝王家，究竟是大幸还是不幸，从来不是可以简单给出答案的。一方面，对他们的优遇关系到帝制时代皇帝的光荣与体面；另一方面，同姓之卿自处不易，一旦被卷入政治纷争，结局多不能善终。隋文帝也算一代雄主，他信用独孤皇后一母所出的五个儿子"分据大镇，专制方面"，意图依赖最为亲密无嫌的父子兄弟关系，得宗子维城之助，江山永固。结果呢？"真兄弟"之间很快迭相猜忌，最后五兄弟全部不得寿终，隋朝也随之短命而亡。至于后来李世民的故事，打住不说了罢。

怎样才能够既使九族敦睦、保全帝王家的和气，又使天下大治、不乏可用可信之材？宋人的解决办法是让皇族子弟养而不用，从小赐名授官，领取朝廷俸禄而不必任实职，所谓豢养之而安全之的万全之策。至于人才，那就广开科举，最后由皇帝主持殿试，亲自选拔庶姓子弟为"天子门生"，使天下英雄尽为我用。宋朝的开国皇帝是赵匡胤，其后继位的是他的弟弟赵光义，他们还有一个弟弟叫赵廷美，赵氏三兄弟的子孙后裔一律都被视为皇亲贵胄，统一居住在北宋京城开封的诸王宫大院里，养尊处优，无所事事。

养一时的闲人不是大问题，但挡不住闲人偏偏喜欢生孩子，新添的子孙又要再养起来。太多的闲散皇族聚集在汴京城内，当然还要想办法好生管教，以免他们惹出大麻烦。然而，另一个麻烦已先来到，供养皇族人口对中央财政造成沉重负担。宋神宗和王安石尝试改革，允许五服之外的远房皇族参加科举，走出宫院，做官任责，自谋生路。但百年太平闲散久了，突然要让娇生惯养的他们独立出来治事养家，许多人一时尚不适应。还有，京城的王宫大院其实早已容不下更多新增皇族了。到宋徽宗时，只好让那些关系疏远的亲戚们搬离开封，迁到南京应天府（今商丘）和西京河南府（今洛阳），盖房置田，分粮给俸，依旧养起来。但单纯从汴京聚居拓展到三京聚居，显然不能解决根本问题。

养起来难，放出去也难，那究竟该怎么办？皇帝和大臣还来不及想出好主意，金军已经兵临汴京城下。

宋室南渡

靖康之变，金兵迅速攻陷汴京，不久前还高歌丰亨豫大的北宋王朝轰然崩溃。其后，宋徽宗、钦宗父子两代皇帝以及集中居住在开封的皇族近亲几乎悉数被掳，其中包括徽宗的二十三个皇子。当时侥幸逃脱的徽宗皇子只有康王赵构，他在乱局中被拥戴做了皇帝，也就是南渡中兴之君宋高宗。阴差阳错躲过被俘命运的，还有那些先前分居洛阳和商丘的皇族们。他们与衣冠士族、百姓诸军一起，跟着新皇帝仓皇南奔，先至江淮之间，再渡过长江一路向南。迫于北兵追击，宋高宗一度转徙于绍兴、宁波、台州、温州等浙东滨海之地，甚至蹈海避敌。正是在如此猝不及防的大事件后，赵宋皇族自此星散，从原来主要聚居中原三京开始大规模地流寓东南，在家国忧患中渐次融入南方社会。

关于建炎南渡这段历史，许多后世文献及考古文物都曾留下记忆。温州乐清《花园赵氏谱序》说："金人侵扰南渡，由是子孙迁于南，或仕于朝，或食邑于外，或散而之四方者，不能尽记。"以台州地区为例，出土皇族墓志显示，宋太祖、太宗和赵廷美三兄弟等各支子孙均有寓居当地者。如赵汝适即太宗赵光义八世孙，曾祖赵士说殉靖康之难，史称其"从二帝北迁，临河骂敌而死"，祖父赵不柔在绍兴初年始"避地天台"。赵汝适曾任福建路市舶提举，所撰《诸蕃志》是南宋海上交通和对外关系的名著。临海赵彦熙，是赵廷美七世孙，他的祖父赵诱之曾主管台州崇道观。黄岩赵伯澐，实为太祖赵匡胤七世孙，系出燕王德昭一房，历赵惟吉、守度、世括、令升，传至其父赵子英。绍兴五年（1135），赵子英任黄岩县丞，因官举家迁居黄岩。

当然，赵子英定居台州黄岩，除了自身曾任黄岩县丞这一客观条件，或许还与南宋王朝立国之初就对浙东滨海地域的倚重不无关系。

建炎四年（1130）正月初二，金军攻打明州（今宁波），宋高宗当时正驻泊海上，闻讯赶紧启航向南，当晚就趁着北风稍劲，驶抵台州湾。第二天，高宗一行沿着通海大江停靠台州章安镇。正月十六日，明州沦陷，金人乘胜破定海（今宁波镇海），以水军舟师一路掩袭，想要活捉赵构。幸好张公裕率领南宋大舶在台州附近海面击退来敌，才保高宗无虞。正月十八日，高宗离开章安镇，前往温州，皇帝一行在台州停留时间前后正好半个月。这应该是让赵构忐忑惶恐的半个月。正史里披露的一个细节是，有一天晚上，"大雨震电"，正月惊雷十分反常。高宗不禁对宰执大臣感叹道："雷声甚厉，前史以为君弱臣强，四夷兵不制。"果然，当晚金人就攻破明州。不过，形势危难之际，南宋朝廷仍在维持运转，一边急令秀州（嘉兴）等浙西粮仓押运米纲前来增援，一边调遣福建市舶司"悉载所储金帛见钱，自海道赴行在"。可见，台州不仅有负山抱海之险，而且有通江达海之利。某种意义上说，得南北相援之便的浙东滨海地域，确实为立国之初的南宋与金人对抗提供了战略斡旋空间，客观上也为韩世忠等沿江宋军邀击北撤金军争取了准备部署的时间，对保全东南半壁起了积极作用。

正因为这样，自赵构之后，历代南宋皇帝都很重视浙东沿海诸州的治理与经营，多差遣名臣或皇族要员担任明州、台州、温州等地方长官。《嘉定赤城志》所载南宋台州知府就多用宗室，其中最有名的自然是宋孝宗的兄长赵伯圭和后来官拜宰相的赵汝愚。如此看来，同为皇族的赵子英，在绍兴年间（1131—1162）任黄岩县丞时，带领全家率先在这里安居下来，也就不难理解了。

赵子英是北宋宣和二年（1120）的宗室进士，绍兴年间除出任黄岩县丞，其后辗转诸州通判、知州。孝宗乾道初年出任知西外宗正事，负责管理福州的赵宋皇族。乾道二年（1166）赵子英曾上奏朝廷，请求换取福州每月供给宗室的空名告身一道，变转价钱，用以专项补贴地方皇族的教育开支。其后，赵子英先后除任福建路提点刑狱公事、福建路转运副使、宗正少卿等。乾道八年（1172），以其屡次请辞，除秘阁修撰、主管隆兴府玉隆观，任便居住。两年之后，即淳熙元年（1174）六月，赵子英去世，享年七十五岁，赠金紫光禄大夫。赵子英妻子沈氏，封永宁郡夫人。

据《西桥赵氏宗谱》记载，赵子英夫妻合葬于黄岩县灵山乡五十五都圣水寺后山，乃用"车路田三百亩换坟山三垅"。这片坟山囊括了圣水寺后直通山顶的整座山地，但赵伯澐后来并没有陪葬在父母侧近，两代人的墓地相隔竟有数十里之遥。宋人营葬，各自为了寻找风水佳地，父子坟茔相隔数里乃至百里，是常有的事。此外，赵家又在黄岩县灵山乡五十三都捐田九十三亩作供养寺院的香灯田，在二十一都则有田六十亩作春秋祭祀田。仅置换坟山的田产、捐助寺院的香灯田和家族祭田三项合计占田已超过四百五十亩。赵子英去世那一年，距他携家徙居黄岩将近四十年，距宋室南渡尚不足五十年，但我们可以想见他生前已努力在乡间各地购置了相当丰厚的田产，从而能够支撑其家族在黄岩这片新辟家园的日用生计和子孙将来的发展。

北宋神宗和徽宗父子未能彻底解决的那种集中养育皇族的封闭式宫院体系，在南渡的时代大变局里分崩离析。大多数散落东南的宗室子弟，从此告别衣食无虞的"躺平"生活，他们开始要直面社会与人生，还要尽快地自立门户。

修桥造福

族谱记载，赵子英有六个儿子，赵伯澐是最小的一个。赵伯澐出生在绍兴二十五年（1155），那年赵子英已经五十六岁。老来得子的赵子英会不会像许多人所猜的那样对其格外宠爱？赵伯澐墓里的那块南唐皇帝在投简仪式中使用的玉璧，是不是父亲传给他的珍贵礼物？这些恐怕是永远都无法解开的谜。

赵伯澐卒于嘉定九年（1216），说来也巧，2016年意外考古发现其墓葬时，正好满八百年。这次发现最引起轰动的是保存完好的数十件男性服饰，有人说那仿佛就像打开了南宋的华丽衣橱。经过测量计算，可知赵伯澐的身高在一米六五左右。据说地方文博单位还曾请国内重要机构进行分子考古学研究，并根据初步分析结果尝试还原南宋皇族赵伯澐的基本相貌（图3）。复原后的赵伯澐看起来气质儒雅，要比他的七世祖、方面大耳的开国皇帝赵匡胤清癯许多。

现场考古未见赵伯澐的墓志，关于其生平履历，就只能通过地方志和族谱资料，断断续续地拼凑出一点印象。赵伯澐没有考取功名，淳熙元年（1174）也就是赵子英去世之前，他以父亲的致仕恩荫开始步入仕途，那时候赵伯澐才虚岁二十，符合一般皇族年满二十方许出官任职的祖宗旧法。但赵伯澐后来的仕途却颇为平淡，曾任平江府（苏州）长洲县的县丞、婺州（金

◆ 图3　赵伯澐像

华）司户参军等官，五十多岁的时候还做过南宋京畿属县盐官的县令。

赵伯澐的嫡妻李氏，乃朝散大夫、浙东安抚司参议李宗大的女儿。李氏家族自北宋名相李迪起家，"衣冠赫赫，为世名族"，李宗大是李迪的从六世孙。李氏小赵伯澐四岁，二十一岁时嫁入赵家，三十七岁去世，结婚十六年间生育了三子、三女，女性劬劳可见一斑。庆元元年（1195），赵伯澐担任长洲县丞官满，携带家眷从浙西返回台州黄岩，不料李氏中途染疾，竟于当年六月盛夏病逝。赵伯澐为妻子亲撰墓志（图4），其谓："惟夫人大家子，登吾门，克自勤约，承上字下，举合仪法。使我进退族聚，间无违言，繄夫人是赖。此而可忘，孰致其哀！"辞约情长，丧妻之恸跃然纸上。这件事后，赵伯澐应该留在黄岩住了不少日子，因为夫人去世后的第二年，他还专门在黄岩重修了一座很有名的宋桥。

浙东多山水，百姓日常多仰赖津梁济渡，因此官民都十分看重修桥铺路，"南方治一桥，费缗钱辄数十万"，那是十分寻常的事。黄岩有大江通海，台州海湾溯流而上的每日早晚两次涨潮，潮水可涌至黄岩县城四周的护城官河。南宋嘉定年间（1208—1224），黄岩县北江面上新设了一座浮桥，架舟四十艘，总长千尺，用铁九千、木石二万五千、人工六万多，费时十月才告竣工。永嘉叶适专门为其作《利涉桥记》曰："县东南车马

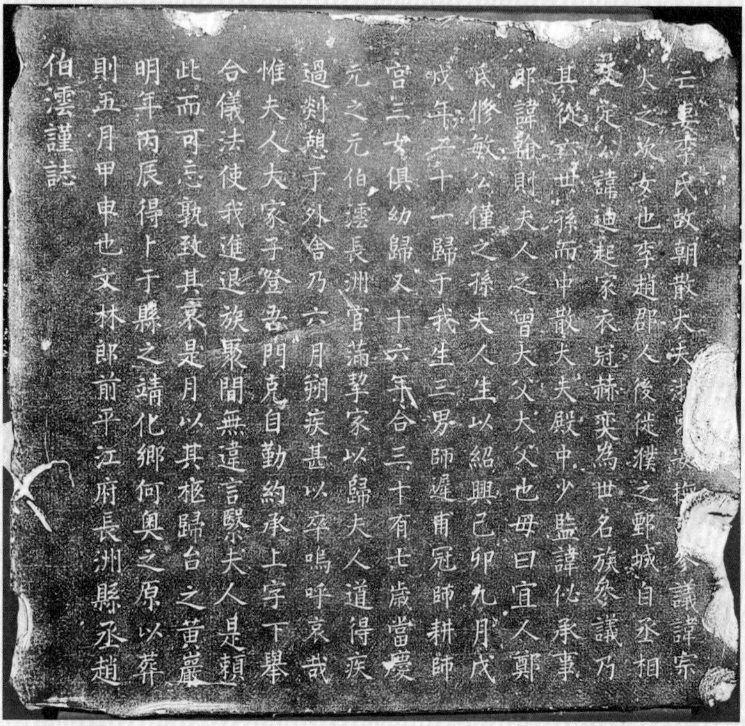

◆ 图4　赵伯澐妻李氏墓志碑

担负，而客之途皆达于桥；西北樵采携挈，而民之市皆趋于桥。诸公跨天台，陟雁荡，行过黄岩，皆喜曰：'增一桥矣。'盖奔渡、争舟、倾覆、蹴踏之患既免，而井屋之富，廛肆烟火，与桥相望不绝。"地方士民为一座新桥建成奔走相告，可见这座桥不仅对当地的日常生活相当重要，它还为浙南地区人们经黄岩北上行都临安提供了更多的便利。

赵伯澐在庆元二年（1196）主持修造的这座桥原来叫孝友桥，利涉浮桥坐落于县城北面的官河，孝友桥则位于县城西面的官河之上，因此又叫"西桥"。这座桥造型非常独特，由五个桥洞连环相拱，桥面也是起伏五折，民间便又称作"五洞桥"（图5）。赵伯澐在八百多年前修建的这座桥，迄今仍然屹立在黄岩的官河古道上，连接起县城内外的西街和桥上街。

孝友桥横跨西江，最早其实是在北宋元祐年间（1086—1094）由黄岩县令张元仲率众垒石而成，桥长六十丈，宽三丈。张元仲字孝友，地方百姓就用他的名字作为桥名，以纪念肯为民做实事的地方官员。

过了一百余年，孝友桥毁于水患，回到家乡的赵伯澐遂挺身组织大桥重修工程。《嘉定赤城志》称："县人赵伯澐纠合重建，筑为五洞。桥面亦五折，取道当中，坎两旁以窍水，翼栏其上，视旧功十倍焉。"（图6）南宋地方志中的这段话揭示了若干信息。首先，此番重建工程较之北宋旧桥需十倍之功，对照前文提到

◆ 图5 五洞桥

◆ 图6 五洞桥

的利涉桥，所耗人力、物力和时间必不少；其次，赵伯澐既然能够纠合重建这么大的工程，除个人财力等因素，他在地方上显然已有相当的号召力和影响力；最后，志书径称"县人赵伯澐"，固然部分原因是他官位不彰，但也可以看出赵伯澐家族已经完全融入了地方社会。想当初赵子英跟随皇帝从中原初来乍到，寓居南方，百事维艰。六十余年后，不仅赵伯澐他们把黄岩这块他乡视作故乡，而且黄岩人也终于接纳他们是和"我们"一样的乡党了。

斯文振起

对于大桥重建这样的大型公益工程，赵伯澐当然不可能是一个人在战斗。实际上，赵子英诸子最初主要就居住在黄岩"西桥"一带，即现在的桥上街。其后家族人口日盛，陆续发展到桥对岸的西街、肇泽池巷等地。考索地名变迁，肇泽池本来叫赵宅池，因赵姓在此凿池而居故名（图7），后来又因房产易主他姓而改谐音地名。一直到今天，赵子英这支尽管开枝散叶，早已溢出黄岩西桥两岸，进一步繁衍拓展至温岭等周边区域，但后世编纂本家宗谱时仍延续南宋以来的家族记忆，依旧称"西桥赵氏"（图8）。

赵伯澐的子嗣，《宋史·宗室世系表》记载五子，《西桥

◆ 图7 赵宅池

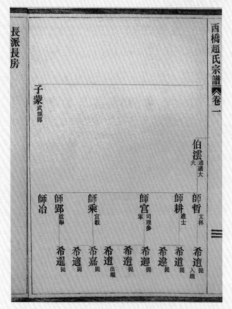

◆ 图8 西桥赵氏宗谱

赵氏宗谱》则载六子，诸子功名、官位并无特别显赫者。次子
赵师耕，淳熙十四年（1187）李氏所出，嘉定七年（1214）进
士及第，授修职郎、婺州义乌县主簿，未赴任。嘉定九年（1216）
赵伯澐逝世，赵师耕居家为父守孝三年，至嘉定十二年（1219）
服阕，改除温州府永嘉县主簿。嘉定十七年（1224）赵师耕去世，
年仅三十八岁。需要指出的是，由于正史宗室诸表等记载错漏，
后世往往将泉州知州兼福建市舶司提举并在九日山留下重要祈
风题刻的赵师耕误作赵伯澐子（图9），《全宋文》编辑整理
时仍然张冠李戴。

赵伯澐诸子虽然在黄岩平平淡淡、波澜不惊，但其诸兄之子，
有的逐渐在南宋思想和文化领域崭露头角。众所周知，南宋大
儒朱熹对"浙学"的批评，主要针对的就是"专言功利"的浙
东学术。至于朱熹与台州地区的交集，最广为人知的则是淳熙
九年（1182）夏天朱熹以浙东提刑身份巡视地方抗旱赈灾工作时，
连上六道奏状弹劾台州知州唐仲友，那是一段轰动朝野的历史
公案。然而，批判与冲突之余，南宋朱子学在包括台州在内的
整个浙东地区，实际上传播颇广。如赵伯澐长兄赵伯淮之子赵
师渊、赵师夏，次兄赵伯浍之子赵师端以及三兄赵伯洙之子赵
师雍、赵师蕆等人，均为朱熹及门弟子。赵师雍还曾同时问道
陆九渊，"耻利欲之学"，因此后来又入象山学案。明代嘉靖年
间（1522—1566），黄岩县令汪汝达新建朱文公祠，并选择本

地朱门高弟十一人配祀，其中竟然有五位都是赵宋皇族出身，即前面提到的赵伯澐诸位亲侄。

五位同辈皇族子弟中，当数赵师渊的文化影响最大。赵师渊字几道，乾道八年（1172）进士出身，开禧三年（1207）以太常丞兼国史院编修官，长于史学。他曾在朱熹晚年时协助编撰《资治通鉴纲目》一书，修订完善了"纲目体"这一新的史学体裁。赵师渊去世后，叶适、袁燮等一批浙东学者都有祭文悼念。南宋末年，金华王柏还重新发现朱熹与赵师渊讨论《资治通鉴纲目》的八通书信。宋元之际的浙东学者袁桷甚至指出："师渊……官至太常丞，为朱文公高弟。文公述《通鉴》，纲目条分，例举整齐，芟夺迄于成书，皆太常所定。""八书"真伪及《资治通鉴纲目》作者问题，可谓南宋学术史上的一桩公案，迄今聚讼不已。但朱熹任官浙东时与地方皇族向学子弟在黄岩江北的樊川书院（图10）等地结为师友，朱熹晚年慎重委托赵师渊整顿其始终不满意的《资治通鉴纲目》，当确有其事。朱熹、赵师渊等师生共同参与讨论、反复修改创立的"纲目体"义理史学，对后世有着颇为深远的影响。

可以这么说，经过赵子英、赵伯澐等两代人的积累，至赵师渊等第三代子弟，他们已不单单享有较高的政治地位和地方影响，而且因应南宋时代精神，从学朱熹、陆九渊等当世大儒，在思想文化领域也掌握了相当的话语权力，故其影响已不再囿

◆ 图9　赵师耕九日山祈风题刻

◆ 图10　黄岩博物馆樊川书院展览

于一时一地。至此，南宋皇族才真正实现了士大夫化，足以与其他庶姓士族名门相提并论。明代黄岩以五位赵宋皇族从祀朱熹，几乎占配祀总人数的一半，无意中却是对南宋皇族经历悄然蜕变的一次彰显。

何处故乡

从仓皇南渡到寓居黄岩，从买田置地到修桥著述，从融入地方到文化崛起，我们初步勾勒了南宋皇族赵伯澐一家在浙东滨海地域经历的百年历程。

南渡之初，多少人都盼着有朝一日能够北归。李清照晚年寓居南宋都城，然而面对东南妩媚，词人却是"过眼西湖无一句"。她说："故乡何处是？忘了除非醉。"在她心里，北方，中原，才是魂牵梦萦的故国，才是永远无法忘却的家园。那里有她一生的最爱与思念。

但人生再长也只是百年。一代人，两代人，三代人……时光如水，即便曾经是皇亲贵胄，凡常的生活日复一日总在继续。南渡百年，也未能等到北归，于是只能反认他乡作故乡，"此心安处是吾乡"了。

有时候，人们会在石头上发现南宋皇族的题刻，就像泉州赵师耕署名作"古汴赵师耕"，或者在地方志的一篇记文里，读到黄岩赵师夏落款是"汴人赵师夏"，然后惊醒原来在南渡君臣后裔的内心深处，纵使沧海桑田，南北无非中国，两头皆是故乡。

苏州47路公交线（两宋区间）行记

周扬波

47路公交线，是我的通勤路线。只要时间不是太紧张，我会放弃快捷但单调的地铁，在47路线的中段上车，慢慢悠悠地晃过25站，在接近终点处下车，抵达我所供职的苏州科技大学石湖校区。以三四十码的时速穿行闹市和郊区，打量这座飞速发展城市的世道与人情，可以给通勤路途增添不少乐趣。出于历史学人的职业习惯，有时还会玩下历史穿越，想象公交穿行在千年前同一空间的异次元情境。为了增加思维游戏的趣味性，还可以增加点细节元素，比如去程是北宋，回程是南宋，一条时间意义上的公交区间路线就问世了，可命名为"游47（两宋区间）"线路。这样近两个小时的往返通勤路程，凭空就多了不少快乐和收获，值得记录和分享。

一、去程（1084）

我的登车站点"苏州饭店"，正好是47路开进古城东南门葑门的第一站。47 路从位于苏州工业园区中部的起点站"津梁街首末站"出发，一路向西穿过古城区南部，再折向西南抵达终点站"国际教育园北区首末站"，全程 54 站，依次横向穿越了苏州市五区的吴中区、姑苏区和虎丘区。抵达葑门所经的 28 站，主段平行于古城东北门娄门东流而出的娄江，算是贴合北宋东部属县昆山进郡城的干道。不过其中西越金鸡湖后南折这段，大体是湖荡区，五代十国时钱镠与杨行密两方曾在附近水域争战，宋代尚非交通线。到葑门与南部属县吴江进郡城干道连接后进城，古城区内有 8 站，与宋代交通线完全吻合。出城后的 18 站，也大体贴合宋代交通线。可以说，"游 47"线简直专为游赏宋代而设。

北宋元丰七年（1084），北宋苏州才子朱长文完成了他的名志《吴郡图经续记》。将这年定位为去程年份（当然时间镜头可以适当变焦），可以基于这部开创性的方志，将苏州古城切出一个内容丰富的时间剖面。而大体由东南葑门走西南盘门的"游 47"线，则提供了一条近乎完美的东西向观察轴线。作为全国唯一的国家历史文化名城保护区，苏州姑苏区已成为古城保护典范，至今仍大体完备地保存着春秋时期吴国古都的水陆双棋盘格局。而由于南宋《平江图》碑的传世，以及宋代四纵三横的主干河道、横平竖直的主街及大多数支巷、桥址未变，可以古今一一对应，苏州堪称宋代遗址最丰富的城市。苏州古

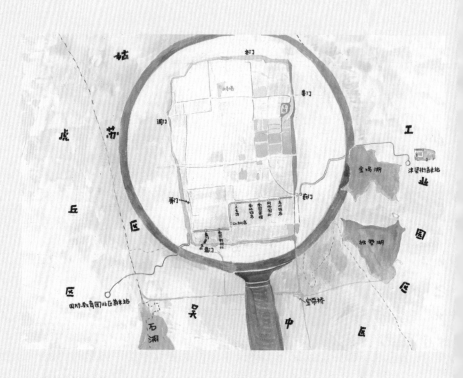

◆ 47路公交线全程图（张蓓手绘）

城是略向西斜的竖矩形，相传春秋伍子胥初建城时开八个水陆双城门，宋代只开五门，东北的齐门连接北部属县常熟并通江海，余四门形成两条东西向交通轴，北部娄门通阊门线以工商业繁荣著称，向为世人瞩目，而"游 47"所行南部轴线则相对受到冷落，更具专门考察价值。

苏州饭店站沿十全街西行前三站，依次是网师园北、南园宾馆、南林饭店。从站名即可看出，现在这一带首先是宾馆饭店多，其中南园宾馆是国宾馆，接待过很多中外领导人，又与林彪、蒋纬国等政治人物命运相连，南林饭店也是苏州资深涉外饭店。其次是文物遗迹多，世界文化遗产网师园外，还有国保苏州织造署旧址、东吴大学旧址，以及彭定求故居、李根源故居等。第三是玉器商店和作坊多，苏州饭店站前的相王玉器城是华东最大玉器城、全国最大和田玉原石市场，常年都有成群维吾尔族玉商出入其中，以此为中心，沿相王路向南、沿十全街向西形成玉器商业街。

但是时间切换到 1084 年，这一切都不存在，触目是大片的农田和湿地，正是所谓"不出郛郭，旷若郊野"之地。苏州饭店站一带，当时叫采莲泾，是一片荷花荡。西行三站路程，此时均无坊巷。不过西行一站路程，过带城桥（今存）后可见人烟。带城桥向西有两座桥名船舫桥（今为船舫巷）、船场桥（今存），是北宋苏州官营造船场所在。河道作为宋代交通干线，远较今日宽阔，可以驶得造船场出产的江船和海船。白居易笔下的"红栏三百九十桥"，此时也已从木桥纷纷改造为更结实的砖桥或石桥。船场桥向西到乌鹊桥（今存，因春秋吴国八个馆驿之一乌鹊馆得名），始见坊巷。北宋的街道比较狭窄，哪怕是乌鹊桥直通子城谯门的直街，应该也容不下47路这辆本地产海格客车实地驰骋，不过相较唐代的泥土路，北宋的道路多数已铺上砖石做了硬化，是交通流量提升的表现。乌鹊桥东侧有两坊沿街相对，北名衮绣坊，南名儒学坊。衮绣坊因杭州籍参知政事元绛（于前一年辞世）寓居于此得名，儒学坊寓居着由福州迁来的林家，因林希、林旦、林邵、林颜四兄弟于嘉祐年间（1056—1063）连中两榜进士而得名。

绍兴十八年（1148），林家又有一位子弟林光祖登第，同年小录（《绍兴十八年同年小录》）登记的乡贯比较特殊：长洲县东吴乡儒学坊。这种以乡统坊的特殊情形，是州县城郊都市化后，管理方式还没及时从乡里制转型厢坊制所致。[①] 可见直至南宋初，儒学坊一带还未充分都市化。日人伊原弘经对唐末五代苏州筑城考察，结合北寺塔跨直街、西北夏驾湖等特殊地形，判断第一横河以北是五代扩建罗城而成的新城区，西北、东北或也有扩建，才从矩形发展成唐末的"亞"（笔者按：其

① 包伟民：《宋代城市研究》，中华书局，2014年。

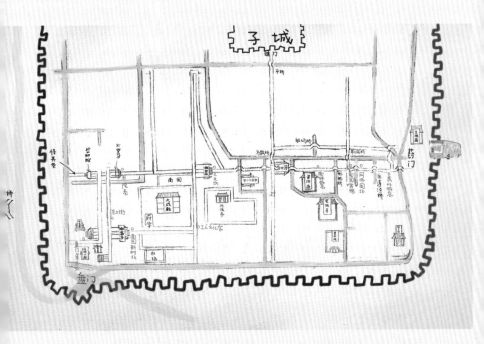

◆ 城南图（张蓓手绘）

实是下半个"亞",即东北、西北向外稍凸）字形。[①]那么是否可以猜想，第三横河以南也是罗城南扩的新城区？这一片仅西南盘门口有三个唐代古坊：义和坊、坤维坊、载耜坊，但也完全可能类似东北迎春坊，如伊原弘论证经历坊址外移。也可以退一步思考，无论城南是否经过扩展，对苏州城的规模改变均有限。宋代苏州城周长和面积仅略次于北宋京城开封府（后周世宗扩建前要小一半还多），远大于包括南宋京城临安府在内的各州城。[②]《越绝书》记载吴大城周长类似宋城，这里面应该牵涉到里制和测量技术的问题，但可以确定苏州自始即是超级大城。在唐之前南方城市普遍没有罗城的对比下，这种城墙规模相当惊人，即使考虑了吴都因素也是如此。所以不宜单纯解释为政治和军事功能，个人推测与苏州地势低洼需要防洪相关。宋代封闭西南胥门，就是为将由胥江而来的太湖水分流南北。原来各门外共计有 16 堰，应是与城墙一道组成防水屏障。由于城中积土渐高，至唐宋间诸堰皆废而无患。吴越国时期是苏州城市建设的关键期，不但扩建了罗城，开发了城周一带，还改土城为砖城。今天古城区残存的城墙，就是吴越以来的面貌。吴越钱氏元璙、文奉父子规模大得离谱的东庄和南园，正处于

---

① 伊原弘：《唐宋时期浙西城市的变迁——宋〈平江图〉的解读》，日本《中央大学文学部纪要》第 92 号，1979 年 3 月。

② 包伟民：《宋代城市研究》，中华书局，2014 年。

第四直河以东和第三横河以南，都是新开发的地块。儒学坊，正属南园地块。今南园宾馆，也因南园得名。

吴越南园地界，东边至少到今南园宾馆，西边约到今南园新村，整整占了城南五分之三土地。南园宾馆站向西，切换到 1084 年的地名，第三横河以南依次是儒学坊、燕国夫人庙（章惇为母所立家庙）、沧浪亭（苏舜钦名园，苏死后数易主人，此时分两半归章棻与昆山龚氏），原皆属南园地块。

"游 47"路继续西行，古城区 8 站的后 4 站，依次是三元坊、工人文化宫、南园新村北、盘门景区北。在今年 4 月因书院巷施工改道之前，后 4 站依次是三元坊、书院巷、东大街、盘门景区北。前后两条线路合围而成的长方形，正好环绕北宋苏州州学一周，而州学地块原本亦属南园。在州学北边，残存一小片园林，仍名南园，仅当吴越南园的五十分之一。

苏州园林远溯吴王苑囿，近追东晋顾氏辟疆园，但从直接源头看，分化出沧浪亭、网师园、隐圃、招隐堂、州学园池等的南园，堪称苏州园林之母。原南园地界，也是苏州官绅集中居住区域。因清代三元及第的钱棨得名的三元坊，宋代叫孝友坊，与其稍北的旌义坊，得名已失来历，推测应源于士人之家受政府旌表。孝义坊向西（进入吴县地界），有灵芝坊（前任知州蒋堂谢事所居，有隐圃）、侍其巷（因乡先生侍其沔得名）、昼锦坊（耆宿程师孟宅，南宋初为胡元质招隐堂所在）。而州学，则是由范仲淹舍宅而建。

梁庚尧遍举宋代苏州东南西北四隅官绅住处，判断苏州官绅呈散居状态[1]，若借用民族学语言似乎叫"大杂居，小聚居"更贴切。查核《吴郡图经续记》及唐陆广微《吴地记》，六朝顾、陆、朱、张大族皆居子城以北、一二横河之间近子城一带，北宋这一带仍是热门地块，如现任知州章岵与居城西北乐圃坊的朱长文为邻，叶参守吴卸任后居天庆观东，可见娄门通阊门一线由于工商发达、交通便利，自古官绅首选杂居于此。但北宋官绅分布范围已较前代扩大，近水楼台先得月的卸任知州，如富严居乐桥西南的德寿坊，边珣居稍南的同仁坊，蒋堂居灵芝坊，表明官绅沿阊门通盘门一线向南扩展分布。

西南隅则已形成聚居的官绅区，且除蒋堂是卸任知州外多为吴人，表明这块片区成型已久，又因地价相对便宜，以多园圃为特色。而以四万钱买下沧浪亭地的苏舜钦，和林希、元绛等外来寓公，又沿盘门通葑门一线，分布于偏东地段。其他区域的官绅与工商呈错杂状态，而以园林和文教为特色的西南官绅区，虽然并不意味着没有商铺，但在规模和密度上已形成聚居。文庙与盘门口的伍相祠（祀伍子胥）、瑞光塔、开元寺、社坛和土地庙，又构成一片信仰文化区域。它们与以东的燕国

---

① 梁庚尧：《南宋官户与士人的城居》，《新史学》1 卷 2 期，1990 年。

夫人庙、灵济庙（知州祈雨之所）、觉报寺、重升院及葑门口的土地庙、相王庙，构成苏城南部色彩斑斓的信仰图景，地方社会、官方势力以及佛道祠神多种力量在此交织博弈。

"游 47"路向西由新市路出城，再由盘胥路折向西南，始与宋代交通线偏离。宋闭胥门，导致西南行程只能出盘门走陆道，但又需先乘船渡过盘门口运河（与今天运河航线不同，直接流入盘门）与护城河汇流形成的石家汇，此处水流深广相当不便，元丰年间（1078—1085）有民石氏出钱建了颇为壮观的新桥后，行旅始便。

向西南陆行约 8 里到横塘桥，所经一带称为新郭，是隋代苏州城所在。隋平陈后，江南豪族变乱蜂起，隋将杨素平定苏州沈玄憎之乱后，"欲空其旧城"，而迁苏州到西南横山（今上方山）之东，黄山（今横山）之下。这显然和隋"平荡"六朝古都建康城一样，是针对江南士族豪强的强力打击。尽管不到四十年后的唐朝又将郡治迁回旧城，但入唐之后，吴郡顾、陆、朱、张四姓表现，已远较山东和关中诸姓逊色。时空切换回 1084 年的横塘桥，这是石湖北流越来溪与木渎水交汇所在，二水向东汇成胥江流向郡城古胥门。过桥向西，到达北宋盘门西南首个聚落横塘。从横塘沿木渎水西行约 20 里，就到苏州城西唯一建制镇木渎镇，可向西南由胥口入太湖南下湖、杭通闽粤，也可北上过常、润达江淮。横塘正是贺铸写作《青玉案·凌波不过

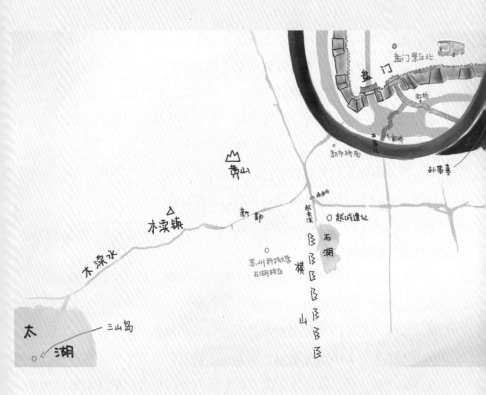

◆ 城外西南角（张蓓手绘）

横塘路》所在，贺有小筑在此地，另有宅舍在城内东北醋坊桥。从明人徐鸣时《横溪录》几无宋迹看，宋代横塘聚落规模有限。横塘向北弥望皆农田，此时已享"水田之美，无过于苏州"之美誉。不过此时苏州郊野"例种水田，不栽桑柘"，后世闻名天下的苏州蚕桑丝织业，北宋中叶才在个别地区开展。横塘桥的功能，今天已被汇流之北的晋源桥和之南的石湖大桥取代。石湖大桥是全国第一、世界第二规模的斜塔无背索斜拉桥，据说斜塔设计理念是如吴王名剑斜插入水。

　　47 路过石湖大桥，西向基本与胥江平行，又与宋代交通线贴合。过桥几站都是高校，今天均属横塘街道，宋代小小聚落，今天已发展成国际教育园的北区。我所供职的苏州科技大学石湖校区，就在 47 路线尽头。却顾所来径，其实出盘门西南行旅，正是吴地寻根之旅。盘门外有三国孙策墓，上方山、石湖一带曾是春秋吴国亭台苑囿所在，木渎春秋古城则被认为是春秋吴国早期都城。石湖越城遗址，既是春秋吴越争霸战场，也是马家浜—良渚文化遗址。而遥眺太湖，约 1 万年前的三山旧石器文化，乃是吴地文明的开篇。

二、返程（1229）

　　启程上班通常都是清晨，比较适合游赏北宋中叶的苏州，那时很多新头绪都才开展，富于朝气。返程通常都是下午，选择参观南宋后期，可以看到那些端绪渐有眉目，有朝花夕拾的感觉。定参照年份在 1229 年，因为是年范成大名志《吴郡志》由知府李寿朋组织人手订补后正式刊行，同年李寿朋还主持刊刻了府城图碑《平江图》，是现存世界上最早且完整的城市地图，也是特别理想的导游图。由于苏州是徽宗节镇之所，故于政和三年（1113）升格为平江府，行文有时需兼及两宋，方便起见仍称苏州。

　　从 1229 年的横塘向郡城进发，北望是成片的围田。横塘纵浦，田埂上遍植桑树，秩序井然。今天高新区道路都是横平竖直，应该就是围田格局的遗留。此时苏州农业已经享有"苏湖熟，天下足"的盛誉，拥有最精细的耕作技术和最高的亩产量，一州秋苗额超过包括湖州在内的任何州军，甚至一县数额超过许多州军。但西郊所属吴县的年秋苗额约 2 万，在苏属 6 县中排最末，不到最高的长洲县四分之一。[①] 吴县是苏州开发最早地区，如果统计数字无误，只有一个解释，就是南宋在苏州受赐良田的大将、贵戚、归正人等，及以各种方式巧取豪夺的形势户，隐匿诡寄了南宋产量最高县至少一半以上的田产。所以高宗朝李椿年经界法率先在苏州下手，尽管当时有成效，终究还是无

① 梁庚尧：《宋元时代的苏州》，《台湾大学文史哲学报》，1982 年 12 月。

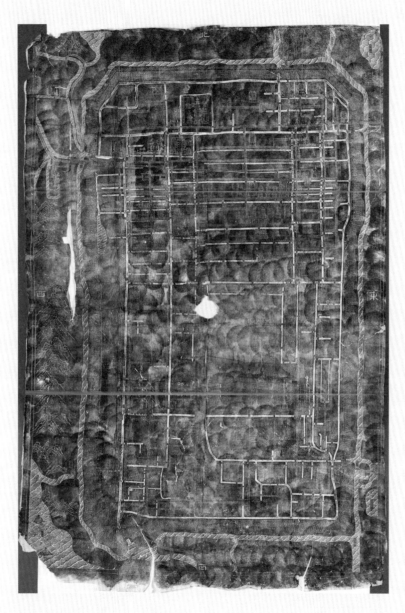

◆ 平江图拓片（美国国会图书馆藏）

法根治。

南边的石湖，本为春秋越国南来攻吴开凿，因石湖居士范成大在此处置别业而知名。范成大居石湖常被称为"归隐"，实际上隐逸文化是荐举时代的特产，在荐举遗风尚存的北宋还有尊隐遗风，在南宋这样成熟的科举社会，人们已不再认可野有遗贤。南宋人已少见推崇像林逋这样足迹不入城市的隐者，赞美人物高洁也只是说足迹不至官衙。城市因工商业功能的发展和教育文化资源的突出，成为乡村人口流出的主要去处。范成大也不仅居住石湖，在郡城还另有居宅园圃，属于典型的城乡双栖模式。

47 路从西南进城，再次贴合宋代交通线。展现在眼前的繁华苏州，其实在两宋之际经历了金兵的洗劫，"迁避不及遭杀者十之六七"，全城建筑皆被焚毁，仅剩东南隅觉报寺因金驻军而幸存。但经灾后重建，苏州逐渐恢复元气，到南宋后期繁华已远胜北宋。夏秋两季的盘门口，可以看到运河与内河上官私米船忙碌穿梭，多数是往来于北边阊门户部百万仓、和丰坊米行、府仓，也有的是去东边带城桥的百万仓和籴场。苏州和籴场贮米不限于本地，而是包括整个两浙西路，这使得米粮成为苏州最大宗商品。[①] 而一年四季之中，丝绸、麻布、草席、水产、柑橘、

① 梁庚尧：《宋元时代的苏州》，《台湾大学文史哲学报》，1982 年 12 月。

白墡、珍玩等本地特产，西自川楚、南自闽粤乃至海外的四方商货，都络绎不绝于水陆两路。

盘门应该是南宋五门中最热闹的城门，是去京城临安的必经之门，门口虹桥特别命名为"如京桥"。所以盘门一带集中了最重要的税务机构，都税务、抽解场、监仓厅一字排列于古胥门北，盘门口则有收税亭（其他四门未设），与都税务分掌对行商和坐贾的征税，仅余盐仓、茶场、四酒务等专卖机构设于子城周边。抽解场意味着闽粤海船经秀州青龙镇市舶务或昆山县黄姚场等征税外，到苏州还要再次抽税。监仓厅则是对城内一众粮仓与和籴场的监管机构，和籴本为官民之间平等交易，南宋中期后逐渐成了摊派性赋税。它们体现了在商业快速发展的宋代，政府迅速跟进的财富攫取能力。

进入盘门，可以发现这一带官绅区较北宋又有发展。这一带地标，是南宋初建于古胥门处的姑苏馆，有雄伟的姑苏台和宏丽的百花洲，规模"为浙西客馆之最"，专接待金国来使及其他贵宾。它和盘门外的高丽亭构成馆驿区，也和春秋乌鹊馆、清代盘门外横塘驿、今日南园宾馆等，跨越不同时代形塑而成城南的馆驿文化。

姑苏馆北有都税务和贡院，东有府学，规模都不小。府学南的雄节营，和稍东的威果四十一营，驻扎有千人规模的禁军，他们和盘门外的吴县县尉司，负责城南的城防和治安。威果营

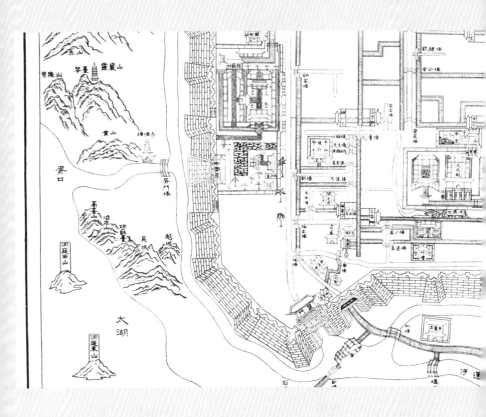

◆ 平江图西南隅（截取自张英霖主编《苏州古城地图》之《平江图线描》，古吴轩出版社2004年版）

旁，有创建自徽宗朝的慈善机构居养院、安济院，盘门外则有浙西提举司建于理宗朝的齐升院，与娄门外的漏泽园功能相同，而后者属府管辖。南宋苏州同时也是浙西提举司和浙西提刑司所在，兼有路级职能，官衙种类和数量多于一般州军。府学西的昼锦坊一带，绍兴年间（1131—1162）已被张俊三子张子颜占为园池，此时仍号"张府"。而府学东的沧浪亭，绍兴初被韩世忠以军需名义从章惇之子手中夺得，此时仍称"韩园"。至于其他园林兴废，如府学西北朱勔朱家园、府学北蔡京南园等皆人亡园废，不知凡几。

和同处运河要津的阊门相比，盘门区域更多彰显的是这座城市的政治和军事色彩，且有政治和军事功能区溢出。而几乎没有官方机构监管的阊门一带，北宋中叶虽尚冷清，但南宋中叶以后已出现市区向城门溢出的现象，元末张士诚又为溢出的城区专筑了月城，到明清发展成了《红楼梦》里"最是红尘中第一二等富贵风流之地"。立足盘门看南宋苏州，看到更多的是"城"的官方品格而非"市"的民间活力。元以后几度沧桑，盘门沦落成近代苏州人口中的"冷水盘门"，又反而因冷僻成为现今国内唯一保存完整的水陆双城门，和阊门完全是两种不同命运。

城西南自北宋始就是苏州文脉所在，南宋又有发展。府学在北宋初建时学生不足百人，经历任知府不断开辟新地，已发展到近千学生的规模。三年一轮的发解试原在府学举行，到南宋初一次考生数已近两千，孝宗朝时在古胥门北专辟了一所规模宏大的贡院，供举子们竞逐那十个出头的解额。官学之外，此地北宋前期有乡先生侍其沨，南宋后期有钱仲鼎在家授徒。理宗又赐第大儒魏了翁于此，并赐书"鹤山书院"。苏州长期是士大夫入迁首选地区，南宋成为畿辅之地后更具吸引力。前述张、韩等显贵外，尚有黄由、束季博、俞琰等，均在此地拥有园池。束氏园是张炎、牟巘等人唱和之所，又有岁寒吟社社员顾澹云居灵芝坊，附近又有沧浪吟社，文风蔚然。

如果说今天东北部平江历史文化街区，在地理意义上最完整地保存了宋代面貌，西南部则是当代苏州与古代气脉最为相通之区。今天的文庙和苏州中学，近承清代紫阳书院，远绍宋代州学，矗立其中的范仲淹和胡瑗雕像，是为致敬他们在学校建设和教育上的导夫先路。东侧沧浪亭是苏州现存最早园林，北部又分化出可园，近代分别是苏州美专和正谊书院所在。其南有工人文化宫，北有苏州文化市场、卫生职业技术学院、原苏南工专（已撤并）、苏州图书馆，可谓千年文气一脉相承。而南门外的苏州市实验小学，沿十全街向东的原苏州医学院（已并入苏大并搬迁）、苏州十中、沧浪实小、振华中学、苏大等百年名校，均可视作西南文气的支脉延伸。

47路由乌鹊桥再向东行，可以发现城东南已比北宋热闹许多。衮绣坊以北、子城以南的官衙明显比南宋增多，主要是提刑司和提举司及所辖六个提干厅、检法厅、惠民局等机构。但与衙署向子城外溢相伴随的，还有民居对子城内外官衙的侵蚀。子城内位于西南最高处的通判西厅，此时居然已"杂处闾阎"，说明子城墙已被破坏。溢出子城以南数十步的观察推官厅，则"有屋数间，介于民居"。而夹杂在子城以南官衙区间的醋库巷，淳熙八年（1181）因居民黄由高中状元而立状元坊。沿谯门直街过乌鹊桥向南走到尽头的南星桥，咸淳元年（1265）又为居民阮登炳新立状元坊。昆山人卫泾是黄由下一榜状元，两宋苏州共三位状元全在南宋，而黄、阮二人均为福建移民后裔，足见移民尤其是闽籍移民对苏州文化的贡献。两宋苏州科举成绩在群星璀璨的两浙路尚不占优，但却为明清状元之乡的荣耀奠定了基础。而儒学坊一带，有名可查的宋代居民，从北宋章惇、林希到南宋林光祖、方通父、黄由、阮登炳全为闽籍。类似像晚清俞樾曲园、吴云听枫园、朱祖谋鹤园在苏比邻而居，主人均是湖州籍，也是值得注意的现象。再往东到带城桥一带，则有扬州史正志（建万卷堂，即网师园前身，此时已被征为百万仓和籴场）、常州丁氏昆季、严州方万里、鄱阳郑景平等人寓居，比北宋热闹了许多，但仍和北宋一样均为外籍寓公，且无一闽籍。

"游 47"路开到苏州饭店站，返程就到了终点。1192 年这里还叫采莲泾，但已无莲池，河道已可通船，两岸都是民居，

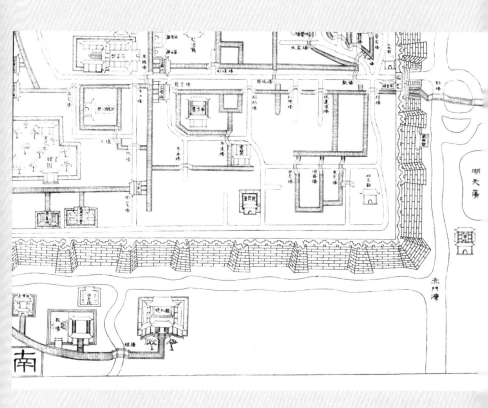

◆ 平江图东南隅（截取自张英霖主编《苏州古城地图》之《平江图线描》，古吴
轩出版社2004年版）

不过也有空旷处被开辟成菜园，再往南则仍是大片农田。一直到 20 世纪下半叶，这一带仍有菜地，老家在我家边上的前国家体育总局局长袁伟民，就是城里菜农的儿子。附近门悬"护国忠显王、织造都城隍"两行大字的相王庙（奉祀之神有赤阑相王桑湛壁、赤阑将军黑莫郝、伍子胥等诸说），今天仍有香火。据我的清代邻居尤侗说，相王在清初苏城十个城隍中地位独尊。一城十城隍相当特殊，多数是织造城隍之类的专业城隍，也可见出丝织业在苏州的地位。在明清三令五申要将城隍信仰纳入儒家系统的背景下，尤其能够显示地方信仰的顽强。[1]

相王的两项封号，由清初织造局申请获封。苏州手工业中心向在城东北隅，宋元明的机圣庙和机业公所也都在城东北，但清代织造局以明旧址为北局，而在带城桥新建南局为总局，表现出丝织业向南有了扩展。宋代带城桥已有造船业，子城东偏北又有石匠巷（今石匠弄），但总体上城东南罕见手工业。元代在子城东设有杂造局，明清则工场明显增多。子城在元末张士诚兵败后沦为"皇废基"，并在明初高启案后彻底废弃，这片地块除继续作官衙用地外，也成为了士农工商杂居之所，直到 20 世纪末，原子城及以东地区，仍分布着林林总总的工厂。21 世纪以来厂房已绝迹于古城区，相王弄玉雕一条街前年也因

---

① 滨岛敦俊：《总管信仰：近世江南农村社会与民间信仰》，研文出版，2001 年。

消防隐患整治拆迁，而相王玉器城及周边相王路、十全街的玉器店及附属玉雕作坊未受影响，算是宋以下传统工商业态的一项少有的孑遗了。

到苏州饭店站下了车，目送 47 路驶向葑门。站口小小的"可的超市"，粉墙上大书杜荀鹤《送人游吴》一诗："君到姑苏见，人家尽枕河。古宫闲地少，水巷小桥多。夜市卖菱藕，春船载绮罗。遥知未眠月，乡思在渔歌。"这是唐人的"印象·苏州"。如果适逢整点或半点，从苏大校园会传来悠扬的自鸣钟声，钟楼是明代长洲县学遗存。这座城东南的钟楼，和姑苏城外寒山寺的夜半钟，在视觉之外，又让我们的听觉得以穿越时间。充满局限的个体，惟有纵浪于生生不息的大化，生命方能得以延展。如是我见，如是我闻。

2021 年 8 月 15 日于姑苏不周园

后 记

杭州宋史论坛，我们称作"沙龙"，始于 2010 年。那年包伟民老师提议，在杭的师友以学术沙龙的方式，形成定期的学术交流的机制，得到大家的响应。2021 年，沙龙走过第十个年头。十年间，熟悉的师友，刚刚结识的学者，逐渐形成了沙龙的固定成员。因为从事宋史研究的学者稍多，所以起了这个名字，其实师友们的专业，以断代而言包括唐、宋、明、清，专业则涉及文、史、哲、考古。从一开始的每次半天，一人主讲，到后来每次上下午，两人报告；主讲者也从沙龙成员逐步扩展，从本地到外地，乃至境外学者。沙龙的场地辗转西湖博物馆、浙江大学西溪校区西四教学楼、浙江省社会科学院、杭州文史研究会，直到 2020 年转至浙江省文物考古研究所，其中浙江省社会科学院历时最长。

十年中，我们讨论过很多学术话题，激发出不少令人深思的观点，也曾一起解读各种文献资料，师友们也有相关成果刊布，但是包老师始终提醒，沙龙最重要的价值就是"聊天"，没有目的，信马由缰，不求结果，随心所欲，旧学新知，涵泳其中，这是沙龙于我们最重要的意义。

我们这个学术共同体有一个特点，就是在聊天中，还常常想着大家一起到哪里去走走。当然，我们不说游访，而叫"考察"。这些年来，我们呼朋唤友，一起"考察"过的地方不少，宋六陵、湖州子城、嘉兴子城、太仓樊村泾元代遗址、武义明招山、临安唐宋衙署遗址等，大多是与宋代历史相关的重要历史遗址。

在聊天之余同样看重到历史遗址看看，除了我国史学一向有"读万卷书，行万里路"传统，还在于近年来同行们越来越重视历史的"现场感"，在搜访缺碑遗文，直接找一些可能的新资料之外，体晤、感知、触摸本已逝去的历史。所以，去年沙龙诸友在考虑怎样纪念我们这十年历程的时候，就想到了编集这样一册"在田野"，对这十年来大家"考察"成果略作展示。况正兵兄为书业翘楚，亲自编辑；浙大城市学院历史研究中心提供了经费资助，终于促成了这本小册子的出版。

我们会继续"聊"下去，"考察"下去。既述以往，以待将来。请读者诸君对小册子中可能存在的疏误提出直率的批评。

魏峰于月明路寓所　2022 年初夏